Von harter Arbeit und fairen Löhnen

Von harter Arbeit und fairen Löhnen

Texte aus der Antike

Ausgewählt, herausgegeben und übersetzt
von Holger Sonnabend

Reclam

Bild auf S. 2: Maurerarbeiten; Legionäre beim Bauen einer Verteidigungsanlage um das Jahr 102. Abguss eines Reliefs der Trajansäule. Rom, Museo della Civiltà Romana.

RECLAMS UNIVERSAL-BIBLIOTHEK Nr. 14603
2024 Philipp Reclam jun. Verlag GmbH,
Siemensstraße 32, 71254 Ditzingen
Umschlaggestaltung: Philipp Reclam jun. Verlag GmbH
Umschlagabbildung: Schreiner bei der Arbeit; Wandmalerei im Haus der Vettier in Pompeji (© akg-images / Bildarchiv Steffens)
Druck und Bindung: Esser printSolutions GmbH,
Untere Sonnenstraße 5, 84030 Ergolding
Printed in Germany 2024
RECLAM, UNIVERSAL-BIBLIOTHEK und
RECLAMS UNIVERSAL-BIBLIOTHEK sind eingetragene Marken der Philipp Reclam jun. GmbH & Co. KG, Stuttgart
ISBN 978-3-15-014603-3

www.reclam.de

Inhalt

Eine Wirtin beim Ausschenken: Grabstele der Sentia Amarantis. Emerita Augusta, 2./3. Jahrhundert. Extremadura, Museo Nacional de Arte Romano.

Intro

Es gilt doch vor allem, die Alten herabsteigen zu machen von dem phantastischen Kothurn, auf dem sie der Masse des Publikums erscheinen, sie in die reale Welt, wo gehasst und geliebt, gesägt und gezimmert, phantasiert und geschwindelt wird, den Lesern zu versetzen.

So sprach im 19. Jahrhundert, in der Ausdrucksweise seiner Zeit, der Historiker und Nobelpreisträger Theodor Mommsen. Übersetzt in moderne Sprache: Die Menschen der Antike müssen heruntergeholt werden von dem entrückten Podest, auf das man sie gerne stellt. Die Griechen, die Römer – alles marmorne Halbgötter? Nein. Sie müssen hineingestellt werden in die wirkliche Welt, wo – und da darf man bei Mommsens Worten bleiben – »gehasst und geliebt, gesägt und gezimmert, phantasiert und geschwindelt wird«. Gesägt und gezimmert – das bezieht sich auf die Handwerker, die auch in der Antike einen guten Teil der arbeitenden Bevölkerung ausmachten.

Arbeit ist ein wesentlicher Bestandteil des menschlichen Lebens, heute wie früher. Für manche ist sie sogar Lebensinhalt. Sie nennt man heute Workaholics. Für andere wiederum ist Arbeit eine zwar notwendige, jedoch lästige Unterbrechung der Freizeit. Für viele ist berufliche Karriere die Erfüllung aller Träume. Nicht wenige setzen andere Prioritäten, wollen ungebunden, unabhängig sein – wenn man es sich denn leisten kann.

Entsprechend vielfältig ist die Palette der modernen Begriffe, wenn von Arbeit die Rede ist: Work-Life-Balance,

Arbeitszeitverkürzung, Zukunft der Arbeit, Arbeitslosigkeit, Generation Z, Fachkräftemangel, gutes Geld für gute Arbeit, Arbeitnehmer, Arbeitgeber, Arbeitsverträge, Jobcenter, Karriere, Homeoffice, Urlaub, Nine to Five, flexible Arbeitszeiten, Viertagewoche, Start-up – eine beliebige Auswahl, die Liste ließe sich endlos verlängern. Nicht ganz so reichhaltig, aber auch recht stattlich ist das verbale Repertoire an Begriffen, das die Antike parat hielt, wenn vom Arbeiten die Rede war. Die Griechen favorisierten Begriffe wie *ergasia* oder *douleia*. Die Römer sprachen besonders gerne von *labor*, *opus* oder, wenn sie das Beschwerliche an der Arbeit hervorheben wollten, von *onus*.

In diesem Buch wird die spannende Welt der Arbeit in der Antike in allen ihren Facetten vorgestellt, auch mit Blick auf die heutige Arbeitswelt. Und dies nicht in Gestalt eines Sachbuches, sondern als kommentierte Sammlung wichtiger Textstellen. Einige der Quellen sprechen für sich und werden daher ohne weitere Stellungnahmen präsentiert.

Nicht alles, aber vieles, was in der Gegenwart eine Rolle spielt, beschäftigte bereits Griechen und Römer. Und während wir heute durch die rasante digitale Revolution fast den Überblick darüber verlieren, was sich im Arbeitssektor so alles tut, liegt die Antike übersichtlich und geordnet als Erfahrungsschatz vor. Manches erscheint uns heute fremd, vieles aber auch vertraut und aktuell – und lädt dazu ein, im Spiegel der Antike uns selbst und das Verhältnis zur Arbeit besser kennenzulernen und zu justieren. Ähnlichkeiten mit der Gegenwart sind alles andere als zufällig. Ein Blick zurück nach vorn also.

Eine vorteilhafte Eigenschaft der Antike ist ihre Auskunftsfreudigkeit. Das gilt auch für das Thema Arbeit. Die

Quellen sprudeln üppig und vermitteln ein anschauliches Bild davon, was Arbeit damals alles bedeuten konnte. Die meisten Texte stammen aus der Feder von Mitgliedern der Oberschichten. Sie hatten, wie sich zeigen wird, zur Arbeit, insbesondere zur körperlichen Arbeit, ein spezielles Verhältnis. Wer sich im Schweiße seines Angesichts abrackerte, um seinen Lebensunterhalt zu verdienen, wurde aus der Sicht des gutsituierten Gutsherrn oder Unternehmers gern als Banause abqualifiziert. Doch zum Glück gibt es auch genügend Texte, aus denen die ›einfachen‹ Menschen sprechen und die ein willkommenes Korrelat zu den Ansichten der Eliten bilden. So ergibt sich ein breites Spektrum von Aspekten des Arbeitens in der Antike – von Aufsteigern, Karrieristen, Netzwerkern, von Frauen, die die Brötchen verdienten, und von Menschen, für die sich der Traum von einer gut bezahlten Arbeit, die auch noch Spaß machte, nicht erfüllte.

Geschichte hat gegenüber der Gegenwart einen unschlagbaren Vorteil: Sie ist bereits geschehen, man weiß, wie alles gelaufen ist. Also kann die Devise nur lauten: Nutzen wir das Potential, das Griechen und Römer zur Verfügung gestellt haben, und lassen wir uns von ihnen in Sachen Arbeit, Job, Karriere inspirieren – sei es im positiven oder auch im negativen Sinn.

Kapitel 1
Ein Leben *ohne* Arbeit?

Viele arbeiteten, viele nicht. Die nicht arbeiteten, waren diejenigen, die keine Arbeit fanden (die in moderner Terminologie also Arbeitslose waren) oder die es, weitaus komfortabler, nicht nötig hatten zu arbeiten. Und es gab auch welche, die nicht arbeiten *wollten*.

Die nicht arbeiten mussten, waren die Reichen und Wohlhabenden, die meistens von den Renditen ihrer großen Gutshöfe, Erbschaften, Immobilienbesitz oder sonstigen arbeitsfreien, dauerhaften Einnahmequellen lebten. Sie verbrachten, wie im 1. Jahrhundert n. Chr. der Römer Plinius der Jüngere, ihre Zeit in angenehmer Muße, beschäftigten sich mit Literatur und Philosophie, empfingen Freunde, gingen spazieren und ließen es sich überhaupt gut gehen. Dieser Plinius der Jüngere schreibt in einem Brief (9,36) an seinen Freund Fuscus:

> Zur vierten oder fünften Stunde [10 oder 11 Uhr] – eine feste Einteilung der Zeit habe ich nicht – begebe ich mich, je nach Wetterlage, auf die Terrasse oder in die Wandelhalle, organisiere die weiteren Abläufe (des Tages) und lasse sie schriftlich festhalten. Danach setze ich mich in den Wagen, wo ich dasselbe mache wie im Gehen oder im Liegen. Die geistige Konzentration hält an, belebt durch die Abwechslung. Als Nächstes gönne ich mir ein kurzes Nickerchen und gehe danach wieder spazieren, wobei ich laut und deutlich eine griechische oder eine lateinische Rede lese [...]. Danach wieder ein Spaziergang, dann Massage, Gymnastik

und Bad. Bei Tisch lasse ich, wenn meine Frau oder Freunde da sind, aus einem Buch vorlesen. Nach Tisch Komödie oder Lautenspiel. Anschließend ein Spaziergang mit meinem Gefolge, in dem sich viele kluge Leute befinden. Der Abend wird mit abwechslungsreichen Gesprächen verbracht, und selbst der längste Tag vergeht ganz rasch. Gelegentlich ändert sich etwas an diesem Verlauf des Tages. Wenn ich lange im Bett geblieben oder spazieren gegangen bin, mache ich mich erst nach dem Schlaf oder der Lektürestunde auf den Weg, und dann nicht im Wagen, sondern zu Pferde – das kostet weniger Zeit und geht schneller. Manchmal kommen auch Freunde aus der Nachbarschaft, beanspruchen einen Teil des Tages für sich. Zuweilen, wenn ich abgespannt bin, sind solche Abwechslungen ganz willkommen. Gelegentlich gehe ich auch auf die Jagd, jedoch nie ohne eine Schreibtafel, damit ich, wenn ich nichts erbeute, nicht mit leeren Händen zurückkomme.

Otium cum dignitate – Müßiggang mit Würde oder mit Stil nannten die reichen Römer einen solchen arbeitsfreien Lebenswandel. Anders als gestresste, täglich hart arbeitende Menschen konnte man bei einer solchen Gestaltung seiner Tage leicht alt werden.

Im folgenden Textauszug berichtet Plinius der Jüngere über einen Freund namens Spurinna, der, 78 Jahre alt, als Pensionär den Tag so verbringt, wie er es immer gemacht hat (*Brief* 3,1):

Am frühen Morgen bleibt er erst einmal im Bett liegen. Zur zweiten Stunde [8 Uhr] verlangt er nach seinen Schuhen. Dann unternimmt er einen drei Meilen langen Spaziergang und trainiert dabei Geist und Körper. Wenn ihn Freunde begleiten, entwickeln sich lebhafte Gespräche, wenn nicht, lässt er sich etwas vorlesen [...]. Dann nimmt er Platz zur Lektüre oder, besser noch, zu einem Gespräch. Danach steigt er in seinen Wagen, zusammen mit seiner Gattin, einer wunderbaren Frau, oder seinen Freunden [...]. Nach sieben Meilen geht er eine Meile zu Fuß weiter, lässt sich erneut nieder oder kehrt in sein Zimmer zu seinem Schreibgerät zurück. Er schreibt nämlich lyrische Gedichte in beiden Sprachen [Griechisch und Latein] [...]. Wenn die Stunde des Bades gekommen ist – im Winter zur neunten, im Sommer zur achten Stunde [3 bzw. 2 Uhr] –, spaziert er, wenn es windstill ist, ohne Kleidung in der Sonne herum. Anschließend heißt es: Bewegung beim Ballspiel, intensiv und lange, denn auch mit dieser Übung kämpft er gegen die Beschwernisse des Alters. Nach dem Essen begibt er sich zur Ruhe und wartet noch ein wenig mit dem Speisen. Inzwischen lässt er sich etwas Leichtes und Angenehmes vorlesen [...]. Dann wird das Essen aufgetragen, ein ebenso stattliches wie frugales Mahl, auf Geschirr aus reinem und altem Silber [...]. Häufig wird das Menü durch einen Komiker angereichert, damit der Appetit durch geistige Genüsse zusätzlich animiert wird. Man bleibt auch im Sommer bis in die Nacht hinein zusammen. Keinem wird bei der geselligen Atmosphäre, in der das Mahl stattfindet, langweilig.

Wann der alte Spurinna gestorben ist, wissen wir nicht. Er starb jedoch in dem Bewusstsein, ein standesgemäßes Leben geführt zu haben, das allerdings auch, zumindest in der zweiten Hälfte, nicht einer gewissen Eintönigkeit entbehrte. Das einzig Produktive in dieser Phase seines Lebens war das Gedichteschreiben. In seinem früheren Leben war er mal als Politiker und Verwaltungsfachmann tätig gewesen. Unter den Kaisern Vespasian (reg. 69–79) und Domitian (reg. 81–96) hatte er in Germanien verantwortungsvolle Tätigkeiten ausgeübt. Doch irgendwie sehnte er sich nach einem anderen, einem ruhigen Leben: Als er im Jahr 97 in eine Kommission berufen wurde, deren Aufgabe es war, Maßnahmen zur Reduzierung des Staatshaushaltes zu ergreifen, ließ er sich mit der Rücksicht auf seine angegriffene Gesundheit von dieser Aufgabe entbinden.

Leben wie ein Kaiser

Den Tagesablauf des Kaisers Vespasian (reg. 69–79) beschrieb sein Biograph Sueton folgendermaßen (*Vespasian* 21):

> Als Kaiser wachte er ganz früh, während es noch Nacht war, auf. Daraufhin las er Briefe und Berichte aller seiner Beamten, bevor er seine Freunde zu sich lud. Während man ihm seine Aufwartung machte, zog er sich selbst Schuhe und Kleider an. Waren alle anfallenden Geschäfte erledigt, unternahm er eine Spazierfahrt, um anschließend etwas zu ruhen. Eine von seinen Beischläferinnen [...] lag dann neben ihm. Von seinen Privaträumen ging er erst ins Bad und dann ins Speisezimmer. Zu keinem anderen Zeitpunkt (des Tages) soll er zugänglicher und milder gestimmt gewesen sein, und die Bediensteten nutzten diese Augenblicke ganz besonders, um ihre Anliegen vorzutragen.

Wer nun der Meinung ist, es in Sachen Fleiß bei dem immer etwas behäbigen Kaiser Vespasian mit einem imperialen Ausnahmefall zu tun zu haben, muss diese Ansicht korrigieren, wenn er sich ansieht, wie andere Kaiser ihre Zeit verbrachten. Von Betriebsamkeit und Emsigkeit ist da häufig keine Spur zu finden. Wie in so vielen anderen Bereichen, so hatte auch in Sachen Arbeit der erste Kaiser Augustus (reg. 27 v. Chr. – 14 n. Chr.) den Kurs vorgegeben. Ruhe, so seine demonstrativ vorgelebte Botschaft, ist die erste Kaiserpflicht (Sueton, *Augustus* 78):

> Nach dem Mittagessen gönnte er sich eine kurze Zeit der Ruhe, mit jener Kleidung und jenen Schuhen, die er gerade anhatte. Die Füße blieben frei, die Hand legte er über die Augen. Wenn er zu Abend gegessen hatte, machte er es sich auf einer Liege in seinem Arbeitszimmer bequem. Dort hielt er sich bis tief in die Nacht auf, indem er alles oder doch den größten Teil dessen, was vom Arbeitspensum des Tages übrig geblieben war, erledigte. Erst dann begab er sich zu Bett, schlief aber nicht länger als sieben Stunden. Und auch dies nicht durchgehend: In diesem Zeitraum wachte er drei- oder viermal auf. Wenn er einmal wach geworden war und dann, wie es häufig geschah, nicht mehr einschlafen konnte, holte er einen Vorleser oder einen Fabulator [Erzähler], schlief danach wieder ein und öfter bis Anbruch des Tages durch. Im Dunkeln wachte er niemals, ohne dass ihm jemand Gesellschaft leistete. Frühes Aufstehen mochte er nicht. War es wegen seiner dienstlichen Obliegenheiten oder wegen einer Opferzeremonie nicht zu vermeiden, früher wach zu werden, blieb er, um Unannehmlichkeiten zu vermeiden, im Speisesaal im oberen Stock-

werk des Hauses eines Freundes. Aber auch so musste er häufig Schlaf nachholen. Er schlief auch, während man ihn durch die Straßen trug und wenn seine Sänfte abgestellt wurde.

Kaiser Augustus stellte unter Beweis: Ein Weltreich kann man auch im Schlaf regieren.

Sollen doch die Banausen arbeiten!

Harte körperliche Arbeit kam für die Reichen in der Antike, die von ererbtem oder selbst angehäuftem Vermögen oder von den Pachterträgen ihrer großen Güter lebten, selbstverständlich nicht infrage. Ihr Schreckensbild waren die »Banausen«, ein stigmatisierender Begriff, den die Griechen geprägt hatten: Der Banause war speziell der Arbeiter, der sich als Töpfer, Schmied, Bäcker oder in einer anderen schweißtreibenden handwerklichen Tätigkeit an einem Ofen abmühte. In seinem *Oikonomikos*, einem Buch über die Hauswirtschaft, schreibt im 4. Jahrhundert v. Chr. der griechische Schriftsteller Xenophon (4,2–3):

> Die banausischen Arbeiten sind berüchtigt. In den Städten werden sie zu Recht geringgeschätzt. Sie schwächen die Körper der Arbeiter und die der Aufseher. Denn sie sind gezwungen, im Dunkeln (einer Werkstatt) zu sitzen, manche sogar dazu, den ganzen Tag am Feuer zu verbringen. Dadurch aber wird der Körper in Mitleidenschaft gezogen, und es lassen auch die Kräfte des Geistes nach. Doch vor allem rauben die banausischen Tätigkeiten die Muße, sich

den Freunden und der Politik zu widmen. Aus diesem Grund sind diese Menschen nicht geeignet, Freundschaften zu pflegen oder ihre Heimat zu verteidigen.

Prägnanter kann die Haltung der Aristokraten und der bürgerlichen Eliten zur arbeitenden Bevölkerung nicht ausgedrückt werden: Wer arbeitet, wird verachtet. Mit solchen Menschen ist kein Staat zu machen, und man will sie auch nicht als Freunde haben. Dass die Reichen ohne die Banausen nicht ihren gehobenen Lebensstil pflegen könnten, wird geflissentlich übersehen. Die Produkte ihrer Arbeit werden genossen, die Produzenten selbst ins Abseits gestellt. Mit einem dicken Konto ließ sich natürlich gut räsonieren über die negativen Auswirkungen körperlicher Mühen auf die geistigen Kapazitäten. In dieses Horn stießen auch renommierte Intellektuelle wie die Philosophen Platon und Aristoteles. Banausen, so erklärte Letzterer kategorisch, hätten nicht das Recht, Bürger zu sein.

Etwas differenzierter werden die Situation und das Image der Handwerker im 5. Jahrhundert v. Chr. von dem griechischen Historiker Herodot beschrieben (*Historien* 2,167). Offenbar gab es in der Einschätzung handwerklicher Tätigkeiten bei den Griechen auch regionale Unterschiede. Auf diesen Aspekt kommt der für Alltagsfragen aller Art ungewöhnlich stark sensibilisierte Autor im Rahmen einer Darstellung der Sitten und Gebräuche in Ägypten zu sprechen: Viele Menschen in Ägypten würden, so behauptet er, keinerlei Handwerk betreiben und sich voll und ganz auf den Krieg konzentrieren. Von dieser etwas zweifelhaften Aussage aus richtet er den Blick zu den Griechen, die in vielen Dingen gelehrige Schüler der Ägypter gewesen seien:

Ob die Griechen nun auch diese Haltung von den Ägyptern übernommen haben, kann ich nicht mit Sicherheit sagen. Denn auch die Thraker, Skythen, Perser und Lyder - also praktisch alle Nichtgriechen - halten ihre Landsleute, die ein Handwerk erlernt haben, für minderwertiger als die anderen [...]. Wer sich aber von jeder handwerklichen Tätigkeit fernhält, gilt als vornehm, und dies ist ganz besonders bei denjenigen der Fall, die sich ausschließlich dem Kampf widmen. Diese Einstellung haben alle Griechen angenommen, allen voran die Spartaner, während die Korinther mit Handwerkern die wenigsten Schwierigkeiten haben.

Sparta war ein Kriegerstaat par excellence, hier zählte als Pluspunkt auf der Skala der beruflichen Tätigkeiten nur der militärische Erfolg. Korinth war die Stadt der Kaufleute und Händler, hier standen handwerkliche Aktivitäten in einem höheren Ansehen.

Auch in der griechischen Metropole Athen soll es den Banausen besser gegangen sein. Der Historiker Thukydides lässt im späten 5. Jahrhundert v. Chr. in seinem Werk über den Peloponnesischen Krieg (2,40,1) Perikles, den führenden Politiker in Athen, in einer öffentlichen Rede das Loblied auf Staat und Gesellschaft im Schlagschatten der Akropolis singen:

Wir lieben die Kunst in maßvoller Art und Weise, und wir lieben den Geist ohne Müdigkeit. Reichtum dient bei uns dazu, Gutes zu tun, nicht, sich mit Worten zu brüsten. Das Eingeständnis, arm zu sein, ist bei uns keine Schande, wohl aber, wenn man nicht versucht, durch Arbeit die Armut abzuschütteln.

Worte aus der Abteilung Sonntagsreden? Konnte so ein Grieche sprechen? Nicht die körperliche Arbeit an sich ist erniedrigend, sondern wenn man es nicht schafft, sich aus der Armut zu befreien. Perikles, die Nummer Eins unter den Rednern in Athen, meinte genau das, was er sagte. Es handelt sich um einen Appell an die unteren Schichten, durch Arbeit ihr Los zu verbessern. Krempelt die Ärmel hoch, so die Forderung, und schafft euch eine goldene Zukunft!

Jobs von ›unterste Schublade‹ bis ›geht gerade noch‹

Die Römer hatten zur körperlichen Arbeit eine ähnliche Einstellung wie ihre griechischen Kollegen. Repräsentativ sind in dieser Hinsicht die Aussagen des Redners, Politikers und Philosophen Cicero, der seine Worte so gewandt zu wählen verstand, dass er auf Rankings mit den besten Sprüchen aus der Antike immer einen Spitzenplatz einnimmt. Cicero war ein *homo novus*, ein »neuer Mann«, der sich, geboren im Jahr 106 v. Chr., seinen Weg nach oben erst erkämpfen musste und der, als er es geschafft hatte, die Werte und Normen der Eliten, denen er sich nun zugehörig fühlte, zu 150 Prozent vertrat. Er bereicherte die Bewertung körperlicher Arbeit vonseiten der Oberschichten durch eine originelle Hitliste verabscheuungswürdiger Arbeiten. Wer damals wissen wollte, wie es um seine soziale Reputation bestellt war, musste also nur bei Cicero nachschlagen (*Über die Pflichten* 1,150 f.):

> An erster Stelle müssen wir jene Erwerbszweige verachten, die von den Menschen gehasst werden, wie die der Zollbe-

amten und der Geldverleiher. Eines Freien unwürdig und schmutzig [*sordidus*] sind die Erwerbstätigkeiten der Tagelöhner, bei denen nicht handwerkliche Fähigkeiten, sondern die Arbeitsleistung erkauft wird. Bei ihnen ist nämlich der Lohn ein Handgeld für die von ihnen erbrachte Dienstleistung. Als schmutzig müssen aber auch diejenigen gelten, die von Großhändlern Waren erwerben, um sie gleich weiterzuverkaufen. Denn sie sagen nichts, was keine Lüge ist. Nichts aber ist mehr zu verachten als die Unwahrheit. Die Handwerker [*opifices*] sind alle mit einer schmutzigen Tätigkeit beschäftigt. Eine Werkstatt kann nichts Elegantes an sich haben. Am wenigsten aber sind jene Berufe positiv zu bewerten, die nur den Vergnügungen dienen: Fischverkäufer, Metzger, Köche, Geflügelhändler und Fischer. Von mir aus kann man auch noch die Quacksalber, Tänzer und Würfelspieler hinzunehmen. Anders verhält es sich bei den Tätigkeiten, die eine Ausbildung erfordern und die für alle von Nutzen sind. Dazu gehören die Medizin, die Architektur und die seriösen Wissenschaften. Sie sind für jeden passend, der dazu berufen ist.

Bei den Händlern und Kaufleuten, so Cicero, müsse man unterscheiden, ob sie den Austausch von Waren in kleinem oder in großem Rahmen betreiben:

Erfolgt der Handel im kleinen Rahmen, so muss dieser als schmutzig gelten. Anders das große, umfangreiche Geschäft: Wenn der Handel viele Güter von überall her importiert und sie vielen Menschen ohne betrügerische Absicht zur Verfügung stellt, dann ist dies absolut nicht zu kritisieren [...].

Ganz oben im Ranking steht die Landwirtschaft. Sie stand bei den Römern hoch im Kurs, weil sie sich auch zu einem Zeitpunkt, als sie die Welt beherrschten, gerne als bodenständiges Volk der Bauern stilisierten:

> Von allen Erwerbszweigen, die an Gewinn orientiert sind, ist nichts besser als der Ackerbau [*agri cultura*], nichts einträglicher, nichts angenehmer, nichts eines freien Menschen würdiger.

Dass die Landwirtschaft spätestens in der römischen Kaiserzeit so etwas wie eine Wissenschaft für sich war, davon zeugt ein Rechtsstatut für die Pächter eines großen Gutshofes in Nordafrika (116/117 n. Chr.). Frei von jeglicher Romantik, mit der Dichter und Bukoliker das Landleben priesen, kommt hier die harte Realität des Arbeitsalltags zum Vorschein (*Corpus Inscriptionum Latinarum* 8,25902):

> Wer mehr als fünf Bienenstöcke hat, muss in der Zeit, in der die Honigernte stattfindet, entweder den Eigentümern oder den Pächtern oder den Verwaltern dieses Gutes den fünften Teil geben. Wenn jemand Bienenkörbe, Bienenschwärme, Bienen, Honiggefäße vom Gut [...] hinüberbringt [...], dann sollen die Bienenkörbe, die Bienenschwärme, die Bienen, die Honiggefäße, der Honig, der hingebracht wurde, den Pächtern oder den Gutsverwaltern im Ganzen gehören.

Vom alten Cato, der im 2. Jahrhundert v. Chr. lebte und wirkte und ein Römer von altem Schrot und Korn und dazu ein Freund drastischer Worte war, überliefert Cicero die folgende Anekdote (*Über die Pflichten* 2,89):

Eine Tätigkeit in der Landwirtschaft – hier an der Ölpresse – bedeutete oft Schwerstarbeit. Mosaik. Saint-Romain-en-Gal, 3. Jahrhundert. Saint-Germain-en-Laye, Musée des Antiquités nationales.

Als man ihn fragte, was beim Vermögen am meisten vorteilhaft sei, antwortete er: »Ordentlich Viehzucht zu betreiben«. Und was sei am zweitbesten? »Ausreichend ordentlich Viehzucht zu betreiben.« Und das Drittbeste? »Schlecht Viehzucht zu betreiben.« Das Viertbeste? »Zu Pflügen.« Und als jener, der gefragt hatte, sagte: »Wie verhält es sich mit dem Verleihen von Geld?«, sagte Cato: »Wie steht es mit Mord an einem Menschen?«

Geld verleihen – so schlimm wie Mord?

Nicht viel populärer waren die *publicani*. So nannte man in Rom die Firmen reicher Unternehmer, die vielfältige Geschäfte abwickelten. Spezialisiert waren sie auf die Pacht staatlicher Besitzungen und auf das Eintreiben von Steuern in den Provinzen des Imperiums. Letzteres war ein sehr lukratives Geschäft. Die *publicani* zahlten dem Staat vorweg einen bestimmten Betrag. Wie viele Steuern sie dann herausholten, blieb ihnen überlassen.

Livius (*Römische Geschichte* 45,18) berichtet über Debatten im römischen Senat über die Maßnahmen nach der Überführung Makedoniens in eine römische Provinz (167 v. Chr.):

> Die Verpachtung der makedonischen Bergwerke sollte nicht weiterbetrieben werden. Die Pachtsumme war exorbitant hoch, sie konnte nicht ohne die Staatspächter erfolgen, und wo ein Staatspächter sei, dort sei das Recht des Staates nur ein leeres Wort, oder die Bundesgenossen hätten keine Freiheit.

Was den Handel betrifft, hoben Philosophen und Pädagogen mahnend den Zeigefinger und warnten vor schädlichen Auswirkungen auf die Moral. In der Realität kümmerten sich die Unternehmer um solche Vorbehalte nicht. Hier war knallhartes Profitdenken angesagt. Auch wo es um die Produkte der Landwirtschaft ging, die Romantiker in ihren Werken lyrisch verklärten. Ein fleißiger Landmann, der tagein, tagaus im Einklang mit der Natur seinen Acker bestellt, der »ackert, egget, pflüget und sät«, bis sich »der Keller, der Stall und das Haus füllt«? Von wegen »Im Märzen der Bauer …«! Der wirtschaftlich denkende Agronom wollte nicht horten, sondern maximalen Gewinn erzielen. So hat es Cato, der Vordenker aller römischen Gutsbesitzer, den Gutsbesitzern ins Stammbuch geschrieben (*Über die Landwirtschaft* 2,27):

> Der Gutsherr soll eine Auktion veranstalten: Er soll das Öl verkaufen, wenn es einen günstigen Preis hat. Er soll den Wein verkaufen und das Getreide, das er übrig hat. Alte Ochsen, entwöhnte Kälber, ausrangierte Lämmer, Wolle, Häute, einen alten Wagen, alles Ackergerät, einen alten Sklaven, einen kranken Sklaven und was sonst überflüssig ist, soll er verkaufen. Der Gutsherr [*pater familias*] soll Verkäufer und nicht Käufer sein.

Die Banausen schlagen zurück

Die Reichen genossen das Leben und schauten mit Verachtung auf diejenigen herab, die für ihren Lebensunterhalt hart arbeiten mussten. Doch diese soziale Ausgrenzung ließen sich nicht alle gefallen. Wagemutige und selbstbewusste Handwerker holten zum Gegenschlag gegen die von sich selbst so eingenommenen Eliten aus. Werbung in eigener Sache, Werbung für ehrliche Arbeit, lautete die Devise. Von wegen Banausen!

Das beste Beispiel dafür liefert der Schiffszimmermann (*faber navalis*) Publius Longidienus aus Ravenna, der im frühen 1. Jahrhundert n. Chr., in der Zeit des nicht ganz so fleißigen Kaisers Augustus, lebte. Die Stadt in Oberitalien war der Stützpunkt der römischen Adriaflotte und dazu ein betriebsamer Handelshafen. Schiffsbauer waren hier gefragte Leute. Und so verfügten sie nicht nur über volle Auftragsbücher, sondern auch über ein entsprechendes Selbstbewusstsein. Publius Longidienus rührte sicher auch bereits zu Lebzeiten die Werbetrommel für seine verdienstvolle Tätigkeit zum Wohle der militärischen und kommerziellen Seefahrt. Doch die beste Werbefläche, das wusste in der Antike jeder, war der eigene Grabstein – eine einmalige Chance, sich der eigenen Zeit und der Nachwelt so zu präsentieren, wie man es gerne wollte. Aber diese Anerkennung wollte man nicht erst postmortal genießen, daher kümmerte man sich bereits zu Lebzeiten um Text und Bilder auf dem posthumen Erinnerungsmonument. Publius Longidienus war besonders einfallsreich. Er ließ sich in seinem ureigensten Metier bei der Arbeit an einem Schiff bildlich darstellen. Und damit bei den Betrachtern auch kein Zweifel darüber aufkommt, was der Zimmermann eigentlich sagen will, gibt ein eingeklinkter Kurztext, in Form einer Comic-Sprechblase, die gewünschte Auskunft (*Corpus Inscriptionum Latinarum* 11,139):

> *P. Longidienus P. f. ad onus properat* – Publius Longidienus, der Sohn des Publius, eilt zur Arbeit.

Oder wie man im Schwäbischen sagen würde: Er ist beim Schaffen. Seht her, lautet die Kampfansage an den müßiggängerischen, körperliche Tätigkeiten verachtenden Adel und das ähnlich gestrickte reiche Bürgertum: Ich arbeite,

Ein Schiffszimmermann bei der Arbeit: Grabstele des Publius Longidienus. Ravenna, 1. Jahrhundert. Ravenna, Museo Nazionale.

und ich arbeite gerne. Eine kleine Bosheit versteckt sich hinter dem Begriff *onus*. Das Wort hat eigentlich einen negativen Klang, bedeutet eher Last als Freude. Die Reichen klagten, wenn sie mal etwas tun mussten, über das *onus*. Der clevere Schiffszimmermann macht sich darüber lustig: Was ihr »Last« nennt, ist mir ein Vergnügen. Im Gegensatz zu euch mache ich was Vernünftiges, Sinnvolles, Praktisches.

Gleiches und vielleicht noch mehr hatte einige Zeit zuvor, etwa um das Jahr 30 v. Chr., ein Bäcker namens Eurysaces im Sinn. Er gestaltete sein monumentales Grabmal, das sich an der Porta Maggiore in Rom befindet, als einen großen Backofen – mit Backröhren und Szenen aus der Backstube, wie sie zu Lebzeiten zum Alltag des Bäckers gehört hatten. Für seine ehemalige Kundschaft dürfte dieses originelle, selbstbewusste Dokument der Einschätzung eigener Arbeit zu einer Art Pilgerstätte geworden sein, wo sie in Ehrfurcht und Respekt ihres beliebten Bäckers gedachten. Und vielleicht dachte auch mancher betuchte Passant, der über die banausischen Tätigkeiten die Nase zu rümpfen pflegte, beim Anblick des Grabmals daran, dass auch er von den Künsten des Bäckers gastronomisch und lukullisch profitiert hatte.

Fast 400 Jahre früher schrieb Platon (*Gorgias* 518b) in diesem Sinne:

> Thearion der Bäcker, Mithaikos, der die »Sizilische Kochkunst« geschrieben hat, und Sarambos, der Schankwirt – sie waren alle hervorragende Versorger des Leibes, denn der Erste lieferte wunderschönes Brot, der Zweite Speisen und der Dritte Wein.

Grabmal des Eurysaces in Form eines Backofens. Rom, bei der Porta Maggiore, um 30 v. Chr.

Und Xenophon (*Erinnerungen an Sokrates* 2,7,6):

> Weißt du denn nicht, dass Nausikydes durch eine einzige dieser Tätigkeiten – die Herstellung von Mehl – nicht nur sich selbst und seine Familie ernährt, sondern auch noch jede Menge Rinder und Schweine? Und dass er dabei noch so viel übrig hat, dass er häufig für den Staat finanzielle Aufwendungen leistet? Und dass Kyrebos mit seiner Bäckerei den Unterhalt für seinen ganzen Haushalt bestreitet und sogar noch in Saus und Braus lebt?

Krieg als Einnahmequelle

In der Zeit der Republik führte Rom praktisch dauernd Krieg. Überall in der Mittelmeerwelt machten die Soldaten reiche Beute. Im Zweiten Punischen Krieg (218–201 v. Chr.) gegen Hannibals Karthager belagerten die Römer die afrikanische Stadt Utica (im heutigen Tunesien). In ihrer Begleitung waren Kaufleute, die nur darauf warteten, durch Anteile an der Beute gute Geschäfte zu machen (Polybios 14,7,2 f.):

> Der römische Feldherr widmete sich währenddessen der Belagerung von Utica. Da er hörte, dass (der numidische König) Syphax auf der Seite der Karthager blieb und diese ein neues Heer aufstellte, hielt er es für noch wichtiger, das Heer loszuschicken und vor Utica Stellung zu beziehen. Zugleich verteilte er die Beute [...], und die Kaufleute fuhren mit reichem Gewinn davon. Denn da nach diesem Erfolg die Zeichen auf einen kompletten Sieg standen, hielten die Soldaten die Beute aus der letzten Schlacht für zu gering und verkauften sie gerne an die Kaufleute.

Kriege spülten viel Geld in die Kassen des Staates, waren aber auch teuer. Im Krieg gegen Hannibal feierten die Römer viele Erfolge, auch in Spanien. Doch es fehlte an Geld für Sold, Getreide und Kleidung. Der römische Historiker Livius (*Römische Geschichte* 23,48 f.) berichtet von Überlegungen, die Spanier zur Kasse zu bitten (die sich allerdings nicht daran erinnern konnten, die Römer ins Land gebeten zu haben), falls die Staatskasse zu leer sei. Doch selbst eine solche Maßnahme konnte den enormen Bedarf nicht decken. Also sollten wohlhabende Römer einspringen, die durch den Staat reich geworden seien – Unternehmer, die durch Pachtverträge oder Konzessionen, etwa für den Bergbau in den eroberten Gebieten, ein Vermögen gemacht haben. Sie würden, so der Plan, die notwendigen Lieferungen für das Heer in Spanien unter der Bedingung übernehmen, dass, wenn wieder Geld in der Staatskasse sei, es ihnen als Ersten zurückgezahlt werde. Die cleveren Kreditgeber wussten, dass sie sich in einer guten Verhandlungsposition befanden, und stellten zwei Forderungen:

> Erstens, dass sie keinen Militärdienst leisten müssten für die Zeit, in der sie dem Staat diese Dienste gewährten. Zweitens, dass der Staat jedes Risiko zu tragen habe, unter dem die Schiffsladungen (mit den Versorgungsgütern) bei Angriffen oder Unwettern zu leiden hätten.

Der Berichterstatter Livius war Patriot und zugleich etwas naiv. Denn er kommentiert den Deal folgendermaßen:

> Diese Mentalität und Vaterlandsliebe zog sich wie ein roter Faden durch alle Schichten und Stände.

Vaterlandsliebe stand im Ranking der Motive, von denen sich die Kreditgeber leiten ließen, ganz sicher ziemlich weit unten auf der Liste.

Auch in späteren Stadien des Krieges gegen Karthago herrschte in den öffentlichen Kassen immer mal wieder Ebbe. Und erneut standen gute Geschäfte witternde Banker und Kreditgeber bereit (Livius, *Römische Geschichte* 24,18,10):

> Weil die Zensoren (die unter anderem für die Kontrolle des Haushaltes verantwortlich waren) wegen der Schwindsucht in der Staatskasse die Reparaturarbeiten an den Tempeln, die Lieferung von Pferden für die Prozessionen und andere Aufgaben nicht in Auftrag geben konnten, erschienen häufig Personen bei ihnen, die sich mit dieser Art von Aufträgen auskannten. Sie appellierten an die Zensoren, alle Dinge so zu handhaben, als wäre noch Geld in der Staatskasse. Niemand würde vor Ende des Krieges Ansprüche auf Gelder aus der Kasse stellen.

Und wieder sieht Livius die Dinge in einem rosaroten Licht, einfach weil er sich nicht vorstellen will, dass sich anständige Römer vom schnöden Streben nach Profit leiten ließen:

> Diese Bereitschaft zur Hilfe, die von Privatpersonen ausging, breitete sich von der Hauptstadt auch auf die Militärlager aus, und kein Reiter, kein Zenturio nahm seinen Sold an und beschimpfte jeden als Söldner, der dies tat.

Unwürdiger Profit

218 v. Chr., in jenem Jahr, als der bedeutsame Zweite Punische Krieg begann, verabschiedete die römische Volksversammlung ein denkwürdiges Gesetz. In die Geschichte ist es als *lex Claudia de nave senatorum* eingegangen – das »claudische Gesetz über das Schiff der Senatoren«, so genannt, weil es von einem Volkstribun namens Quintus Claudius eingebracht worden war und weil es darin um den

Besitz von Schiffen durch die politischen Eliten ging. Aus der Führungsriege war der einzige Unterstützer des revolutionären Gesetzesvorhabens der den Konservativen als verdächtig fortschrittlich geltende Politiker Gaius Flaminius. Über den Inhalt teilt Livius (*Römische Geschichte* 21,63,4) mit:

> In diesem Gesetz wurde beantragt, dass kein Senator oder jemand, dessen Vater Senator war, ein seetüchtiges Schiff von mehr als 300 Amphoren (Ladekapazität) besitzen sollte.

Die Begründung lautete:

> Eine solche Größe hielt man für ausreichend, um damit die Früchte von den Feldern zu holen. Jegliche Form des Gewinns sah man als eines Senators nicht würdig an.

300 Amphoren mit Getreide, Wein oder Öl für die Selbstversorgung war den politischen Eliten also erlaubt, nicht aber das Streben nach Profit. Im Grunde, so die Idee des Gesetzes, sollte der Senator ein einfacher Landmann sein, der sich nicht von den Verlockungen des Reichtums verführen ließ und sich damit von den erwünschten politischen Werten entfernte. Das Gesetz hatte zur Folge, dass sich die Eliten, was ihre berufliche Zukunft anging, entscheiden mussten – ob sie arme Politiker oder reiche Unternehmer sein wollten. Natürlich galten diese Optionen nur für Handelsgeschäfte: Kein Senator musste am Hungertuch nagen, seine wirtschaftliche Existenz beruhte schließlich auf umfangreichem Grundbesitz.

Kapitel 2
Schule und Uni als Grundlage für beruflichen Erfolg

Non scholae, sed vitae discimus – so lautet ein bekannter Spruch des römischen Philosophen und Nero-Beraters Seneca aus dem 1. Jahrhundert n. Chr. (*Brief* 106). Nicht für die Schule lernen wir, sondern für das Leben. Hört sich irgendwie verstaubt an und gehört in die Abteilung jener Zitate, die man früher gerne mit erhobenem Zeigefinger der Welt mitteilte und dabei selten jene Zustimmung erntete, die man eigentlich erhoffte.

Da es immer gut ist, Zitate in den Kontext zu setzen, in dem sie ursprünglich gesagt wurden, folgt hier der Zusammenhang. Seneca sagt an dieser Stelle die berühmte Sentenz genau anders herum: *Non vitae, sed scholae discimus.* Also: Nicht für das Leben lernen wir, sondern für die Schule. Das meint er natürlich ironisch, wenn nicht gar sarkastisch. Er kritisiert Wissenschaftler, die nicht praxisnah, sondern nur akademisch arbeiten:

> In nutzlosen Fragen wird unser Scharfsinn vergeudet. Diese Spielereien machen uns nicht gut, sondern nur gelehrt […]. Der Einsatz von wenig Wissenschaft reicht für eine sittliche Haltung aus. Aber so, wie wir überhaupt unsere Energie nutzlos vergeuden, so geschieht dies auch in der Philosophie. Wie wir überall im Leben an Maßlosigkeit leiden, so auch in der Wissenschaft. *Non vitae, sed scholae discimus* […].

Wer was werden wollte, brauchte auch bereits in der Antike eine gute Ausbildung. Die Grundversorgung lieferten Elementarschulen, die von Jungen und Mädchen zwischen sechs und 14 Jahren besucht wurden. Kinder aus reichem Haus genossen eine Ausbildung von Privatlehrern. Junge Männer aus wohlhabenden Familien besuchten danach höhere Schulen – nicht um spezielle Berufe zu erlernen, sondern um sich eine akademische Universalbildung anzueignen. Die jungen Frauen wurden indessen auf ihre Rolle als Ehe- und Hausfrauen vorbereitet.

Bildung abhängig von Wohlstand?

Der berühmte griechische Redner Demosthenes um 330 v. Chr. über seine Ausbildung und seine Karriere (*Kranzrede* 257):

> Mir war es vergönnt […], in meiner Kindheit meinem Stand entsprechend zur Schule zu gehen und so viel Besitz zu haben, wie man benötigt, um sich nicht aus der Not heraus unwürdigen Geschäften widmen zu müssen. Als Erwachsener habe ich gemäß diesen Verhältnissen gehandelt: Ich habe Chöre (bei Theateraufführungen und offiziellen Feiern) finanziert, Kriegsschiffe ausgerüstet, Steuern freiwillig gezahlt. Mit einem Wort: Ich habe es weder im privaten noch im öffentlichen Leben an einer freigebigen Haltung missen lassen. Vielmehr habe ich mich dem Staat und meinen Freunden gegenüber als nützlich erwiesen. Und als ich mich dazu entschloss, eine Laufbahn als Politiker einzuschlagen und mich auf solche Weise für den Staat zu engagieren, bin

ich von der eigenen Stadt wie auch von vielen anderen griechischen Städten häufig mit der Verleihung von Kränzen dekoriert worden. Nicht einmal ihr, meine Gegner, habt den Versuch unternommen zu behaupten, die Richtung und das Ziel meines politischen Handelns seien nicht wenigstens ruhmvoll gewesen. Mich hat also ein solches Schicksal durch das Leben geführt. Ich könnte noch einiges dazu sagen, lasse es aber sein, um mit meiner Verteidigung keinen Anstoß zu erregen. Du aber, Aischines, der ehrenwerte Mann, der auf andere mit Verachtung herabsieht, prüfe doch mal im Vergleich dazu, was du für ein Schicksal gehabt hast. Als Junge bist du in bedrückender Armut aufgewachsen. Mit deinem Vater zusammen warst du an die Schule gebunden, du hast Tinte gerieben und Bänke gewischt, das Klassenzimmer gefegt, in der Stellung eines Sklaven und nicht eines frei geborenen jungen Mannes.

Mustergültige Ausbildung

Der griechische Biograph Plutarch über den jungen Cicero (*Cicero* 2–4):

Seine Amme soll eine Erscheinung gehabt haben, die ihr voraussagte, sie ziehe einen großen Segen für alle Römer auf. Während derlei Prognosen sonst für selbstgerechte Träumerei und für Geschwätz gehalten wurden, bewies er, als er in die Jahre des Lernens kam, selbst, dass es eine richtige Vorhersage war, indem er durch eine herausragende Begabung auffiel und unter den Jungen einen solchen Namen und Ruf erwarb, dass deren Väter in die Schule ka-

men, nur um Cicero zu sehen und sich ein Bild zu machen von seiner viel gepriesenen Schnelligkeit der Auffassung und seinem Erkenntnisreichtum in den einzelnen Fächern. Die Ungebildeten unter den Vätern waren auf ihre Söhne böse, wenn sie sahen, wie sie Cicero, um ihn zu ehren, auf der Straße in ihre Mitte nahmen [...].
Nachdem er die Schulzeit hinter sich gelassen hatte, hörte er [Cicero] den Akademiker Philon, den die Römer [...] wegen seiner Kunst des Vortrags besonders schätzten und wegen seines Charakters verehrten. Gleichzeitig verkehrte er im Kreis von Politikern und angesehenen Senatoren [...], mit großem Gewinn für seine Kenntnis der Gesetze [...].
In Athen hörte er Antiochos von Askalon. Dessen schönen und anmutigen Vortrag schätzte er sehr, doch folgte er ihm nicht auf den neuen Wegen, die er in der Philosophie betrat [...]. Cicero neigte zur neuen Akademie, schloss sich ihr an und war entschlossen, sein Leben von der Öffentlichkeit und der Politik weg hierher zu verlegen und es in Ruhe bei philosophischen Studien zu verbringen. Doch dann erhielt er die Nachricht, dass (der römische Ex-Diktator) Sulla gestorben sei. Und sein Körper, durch Training gekräftigt, gelangte zu einer guten Konstitution, die Stimme gewann an Modulation. Die Freunde schrieben ihm häufig aus Rom, auch Antiochos ermunterte ihn, sich der Politik zuzuwenden. Da begann er, sich um die Rhetorik als sein eigentliches Werkzeug zu kümmern und sein politisches Talent zu entwickeln, indem er selbst fleißig übte und bei den berühmtesten Lehrern der Rhetorik studierte. Er fuhr nach Kleinasien und Rhodos und lernte bei [...] Xenokles von Adramyttion, Dionysios von Magnesia und dem Karer Menippos, in Rhodos bei dem Rhetor Apollonios [...] und dem Philosophen

Poseidonios. Apollonios, heißt es, konnte kein Latein und bat daher Cicero, seine Testreden auf Griechisch zu halten. Cicero kam diesem Wunsch bereitwillig nach, in der Annahme, dass es einfacher sei, seine Fehler zu korrigieren. Doch als er seine Rede gehalten hatte, da waren, sagt man, die anderen Hörer ganz geknickt gewesen und überboten einander in Lobeshymnen. Apollonios aber habe, während er zuhörte, keine Miene verzogen. Als Cicero fertig war, habe er noch eine Weile schweigend dagesessen. Erst, als Cicero ungeduldig wurde, habe er gesagt: »Dich, Cicero, lobe und bewundere ich. Aber ich beklage das Schicksal Griechenlands, denn ich sehe, dass die einzigen Vorteile, die uns Griechen noch geblieben sind, durch dich nun auch den Römern zugeschrieben werden: Bildung und Rhetorik.«

In Rhodos studiert zu haben, war bei den Römern ein ähnliches Gütesiegel wie heute Oxford, Cambridge oder Yale. Wer in der Politik Karriere machen wollte, kam gar nicht umhin, der Ägäisinsel vor der kleinasiatischen Küste einen längeren Besuch abzustatten. Vor allem in der Zeit der Republik boomte der Bildungstourismus zwischen Rom und Rhodos. Selbst ein Iulius Caesar, dem das Militärische mehr lag als die Wissenschaft, schaute als junger Mann bei dem Redner-Guru Apollonios vorbei, um seine Vita mit dem Eintrag schmücken zu können, dort gewesen zu sein. Die Attraktivität von Rhodos als Bildungszentrum hielt sich auch in der römischen Kaiserzeit. So verbrachte der spätere Kaiser Tiberius (reg. 14–37) mehrere Jahre auf der Insel, allerdings wohl eher, um das ungeliebte Rom für eine Zeitlang verlassen zu können. Doch nutzte er ausgiebig die Gelegenheit zur Weiterbildung. Ein damals bekannter Grammatiklehrer namens Diogenes allerdings zog sich seinen Zorn zu (Sueton, *Tiberius* 32,2):

> Der Grammatiker Diogenes, der in Rhodos an den Sabbattagen öffentliche Vorträge zu halten pflegte, hatte einmal Tiberius, der zu ihm gekommen war, um ihn außerhalb dieser vorgegebenen Zeit zu hören, nicht durchgelassen und ihn durch einen Sklaven auf den siebten Tag wieder bestellt. Als sich Diogenes später in Rom aufhielt, um ihm seine Aufwartung zu machen und schon vor den Toren des Palastes stand, ließ Tiberius ihm ausrichten, er möge in sieben Jahren wiederkommen.

In Griechenland wie in Rom waren Redner jedenfalls gefragte Leute, oder, wie man sie damals nannte: Rhetoren. Reden zu können, war wichtig, um im politischen Geschäft erfolgreich zu sein. Das galt gleichermaßen für das demokratische Athen wie für das republikanische und kaiserzeitliche Rom. Deswegen gab es auch dort und nicht nur auf Rhodos Rhetorenschulen, an denen die künftigen Politiker eine gediegene Ausbildung bekamen, die sie darauf vorbereitete, sich in der öffentlichen Arena gut zu verkaufen. Der Historiker Tacitus aber vergleicht, wie sich diese Ausbildung früher und in seiner Zeit, dem frühen 2. Jahrhundert n. Chr., gestaltete, und beklagt nostalgisch, früher sei alles besser gewesen (*Dialog über die Redner* 34,35):

> Bei unseren Vorfahren wurde der junge Mann bei seiner Vorbereitung auf das Forum und die Rednerkunst bereits durch die häusliche Unterweisung herangebildet - ganz erfüllt von noblen Zielen, von seinem Vater oder von einem

Verwandten, der im Staat eine prominente Funktion ausübte. Der junge Mann stand zu ihm in engem Kontakt, begleitete ihn ständig, wenn dieser vor Gericht oder in der Volksversammlung auftrat. So hörte er auch die Debatten mit, nahm an Rededuellen teil und lernte gewissermaßen an der Front das Kämpfen [...]. Heute aber besuchen die jungen Männer die Schulen der Rhetoren [...]. Sie werden in solche Schulen gebracht, bei denen es sich nur schwer entscheiden lässt, was größeren Schaden anrichtet - der Ort an sich, die Mitschüler oder der Stundenplan.

Ausbildung in privater Regie

Der Biograph Plutarch über Cato den Älteren (2. Jahrhundert v. Chr.) und die Erziehung seines Sohnes (*Cato der Ältere* 20,4–7):

Als sein Sohn geboren wurde, gab es kein noch so dringendes Geschäft - außer ganz wichtigen politischen Angelegenheiten -, das ihn davon abhalten konnte, anwesend zu sein, wenn seine Frau das Kind badete und wickelte [...]. Als der Sohn heranwuchs, übernahm Cato persönlich seine Erziehung und lehrte ihn Lesen und Schreiben, obwohl er einen Sklaven namens Chilon besaß, der ein ausgewiesener Lehrer mit vielen Schülern war [...]. Er unterrichtete ihn in den Gesetzen und trainierte ihn im Sport: im Speerwerfen, im Umgang mit Waffen und im Reiten, auch im Boxen, im Aushalten von Hitze und Kälte und wie er durch die Strudel und Schnellen (des Tibers) kommen konnte, ohne abgetrieben zu werden.

Ausbildung im dualen System

Vitruv im 1. Jahrhundert v. Chr. über den Weg zum Star-Architekten (*Über Architektur* 1,1–3):

> Das Wissen des Architekten besteht aus vielfältigen wissenschaftlichen und elementaren Kenntnissen. Dieses Wissen entsteht aus Handwerk und geistiger Arbeit [...]. Architekten, die auf wissenschaftliche Ausbildung verzichten und sich nur auf das Handwerklich-Praktische konzentrieren, werden keine Meisterschaft erreichen.
> Wer sich aber nur auf die Beherrschung der Berechnung symmetrischer Verhältnisse und wissenschaftliche Ausbildung verlässt, scheint nur einem Schatten, nicht der Sache zu folgen. Diejenigen, die sich beides aneignen, kommen schneller mit Erfolg an ihr Ziel, da sie mit dem ganzen Rüstzeug ihres Berufes ausgestattet sind.

Kapitel 3
Netzwerken und Vitamin B

Als sich Cicero 64 v. Chr. um den Posten des Konsuls bewarb, verfasste sein Bruder eine Denkschrift mit Tipps, wie er die Leute am besten für sich gewinnen könne – und lieferte damit einen römischen Netzwerk-Klassiker. Darin ist etwa zu erfahren, dass bei der Herstellung von Netzwerken und dem Gewinn von Popularität Freigebigkeit besonders wichtig ist (*Commentariolum Petitionis* 41 ff.):

> Sie drückt sich darin aus, wie man das Vermögen verwendet. Es kommt zwar nicht der Menge der Menschen zugute, wird aber von den Freunden angepriesen und beeindruckt die Masse. Sie drückt sich aus in den Gastmählern, die von dir und deinen Freunden mal hier, mal dort nach Bezirken veranstaltet werden.

Die Bemühungen waren von Erfolg gekrönt: Cicero wurde zum Konsul gewählt und vollzog den angestrebten beruflichen Karrieresprung.

Aber auch ›besondere‹ Beziehungen können nie schaden, wenn man etwas erreichen will. Das ist in der Politik so, im Geschäftsleben, im Kulturbereich – eigentlich überall. War die so häufig glorifizierte Antike in dieser Hinsicht eine Ausnahme? Natürlich nicht. Im Gegenteil: Die antike Gesellschaft war, sowohl bei den Griechen als auch bei den Römern, geradezu auf Vitamin B und Netzwerke angelegt. Viele suchten und fanden die Nähe zu großen, bedeutenden Persönlichkeiten. In Griechenland nannte man dieses

Beziehungsgeflecht *xenia* – Gastfreundschaft. Viele Freunde zu haben bedeutete auch: viele berufliche Möglichkeiten zu haben. In Rom basierte das gesellschaftliche Leben auf dem Klientelsystem: Reiche Patrone kümmerten sich um die Menschen in ihrem Umfeld. Der Deal war für beide Seiten von Vorteil. Die Klienten profitierten beruflich und materiell von den Möglichkeiten der Patrone, diese wiederum bezogen ihre soziale Reputation aus der Menge der Leute in ihrem Netzwerk. *Do ut des*, nannte der Römer dieses System: Ich gebe, damit du gibst.

Nicht immer allerdings gereichte diese vordergründig so nützliche Verbindung den Beteiligten zum Vorteil – insbesondere dann nicht, wenn neben der persönlichen Verbindung Leistung und Qualität keine Rolle spielten. Viele, die ihre Karriere nur ihrem Netzwerk und nicht individuellen Qualitäten verdankten, erlitten beruflichen Schiffbruch. Manchmal auch nur deswegen, weil ihre Karriere Neider auf den Plan rief ... – so, wie es einer der berühmtesten Künstler der Antike in seinem Netzwerk-Traumjob am eigenen Leib erfahren musste.

Perikles & Phidias

Phidias, der im 5. Jahrhundert v. Chr. lebte und wirkte, zählte zu den erfolgreichsten Künstlern der Antike. Sein Spezialgebiet: die Bildhauerei. Oder besser gesagt: Phidias zählte zu den erfolgreichsten Künstlern und Kunstmanagern. Denn er schuf nicht nur selbst unsterbliche Werke wie die wundervolle Zeus-Statue im Tempel von Olympia (sie wurde in den Kanon der Sieben Weltwunder aufgenommen) oder den Parthenon auf der Akropolis in Athen. Er trat auch als prominenter Organisator großer Bau- und Architekturprojekte in Erscheinung. Phidias wusste aber ebenso: Man kann noch so gut sein – wenn man nicht über Beziehungen verfügt, bleibt das Talent auf der Strecke. So injizierte er sich eine gehörige Dosis Vitamin B und knüpfte zielgerichtet Kontakte zu Perikles, dem wichtigsten Mann im demokratischen Athen, dessen Porträtbüste mit den markanten Zügen, dem ordentlich geschnittenen Bart und dem korinthischen Helm früher die Klassenzimmer humanistischer Gymnasien zierte. Perikles mochte es, wenn er seinen Einfluss geltend machen konnte, und prompt übertrug er seinem Freund die Oberaufsicht über die Bauten auf der Akropolis – das Mega-Prestigeobjekt der athenischen Demokratie. Doch auch Phidias musste die Erfahrung machen, dass Freundschaft und Protektion nicht ohne Risiken und Nebenwirkungen sind und Kritiker und Neider auf den Plan rufen. Dabei richtete sich der Zorn nicht nur gegen ihn, sondern auch gegen seinen Vitamin-B-Versorger Perikles (Plutarch, *Perikles* 13,31):

> Phidias höchstpersönlich schuf das goldene Standbild der Athene. Er wird auch in der Inschrift auf dem Sockel als Schöpfer des Werkes genannt. Aber auch darüber hinaus lastete alles auf seinen Schultern, und er hatte […] dank seiner Freundschaft mit Perikles die Aufsicht über alle Arbeiter. Das hatte zur Folge, dass man ihn mit Neid und Perikles mit böswilliger Verleumdung versah.

Richtig brenzlig wurde es für Phidias, als man gegen ihn Anklage erhob und einen Prozess anstrengte:

Der Bildhauer Phidias hatte [...] die Anfertigung der Athena-Statue übernommen. Da er mit Perikles befreundet war und von diesem sehr geschätzt wurde, hassten und beneideten ihn viele Menschen. Andere wollten durch ihn das Volk auf die Probe stellen und sehen, wie es sich bei einer Anklage gegen Perikles verhalten würde. Sie gewannen Menon, einen der Mitarbeiter des Phidias, für sich und veranlassten ihn, sich als Schutzflehender auf die Agora zu setzen und um Hilfe zu bitten. Denn er wolle Phidias anzeigen und Klage gegen ihn erheben. Das Volk gab ihm das angestrebte Versprechen, und die Angelegenheit kam zur Untersuchung vor die Volksversammlung. Dort fiel der Vorwurf der Unterschlagung in sich zusammen, denn Phidias hatte, auf den Rat des Perikles hin, das Gold gleich zu Beginn der Arbeiten so geschickt auf der Säule angebracht, dass man es ganz abtragen und das Gewicht nachprüfen konnte.

Eigentlich, meint Plutarch, sollte mit der Anklage gegen Phidias sein Freund Perikles getroffen werden. Doch der Schriftsteller war auch der Auffassung, dass es um den erfolgreichen Künstler höchstpersönlich gegangen sei:

Was die Attacke der Neider gegen Phidias ausgelöst hatte, war in Wirklichkeit der Glanz seiner Werke und ganz besonders der Umstand, dass er sich selber abbildete, als er den Amazonen-Kopf auf dem Schild der Göttin portraitierte, und zwar in Gestalt eines kahlköpfigen Greises, der mit beiden Händen einen Stein in die Höhe hebt. Außerdem fügte er ein sehr gutes Bild des Perikles mit ein, wie er gerade mit einer Amazone kämpft [...]. Phidias wurde ins Gefängnis geworfen, wo er entweder an einer Krankheit starb oder, wie einige sagen, an Gift, das ihm seine Feinde verabreicht hatten.

Hieron & Archimedes

Nicht alles, was in der Antike mal gesagt wurde, ist noch heute Bestandteil des Wortschatzes. Doch manche Sprüche haben Kultstatus erlangt. *Heureka!* gehört auf jeden Fall dazu. »Ich habe es gefunden«, lautet die korrekte Übersetzung. Urheber dieses klassischen Wortes war der griechische Erfinder und Ingenieur Archimedes, der im 3. Jahrhundert v. Chr. in seiner Heimatstadt Syrakus auf Sizilien lebte und wirkte. Dieser Tätigkeit konnte man in der Antike nur nachgehen, wenn man von Haus aus über genügend finanzielle Mittel verfügte und/oder wenn man einen reichen oder einflussreichen Gönner im Hintergrund hatte – auch hier haben wir also das Vitamin B. Über eine solche wirtschaftliche Lebensversicherung verfügte Archimedes in Gestalt des Königs Hieron II. Der Monarch wusste, was er an seinem Tüftler hatte. Zahlreiche bahnbrechende Erfindungen wie die archimedische Schraube gehen auf sein Konto, und der Glanz dieser Innovationen färbte natürlich auch auf den Landesherrn ab. Hieron starb 215 v. Chr. und erlebte nicht mehr mit, wie Archimedes am Ende seines Lebens, schon hochbetagt, noch einmal zu wissenschaftlicher Hochform auflief: Als die Römer Syrakus belagerten, wurden sie von einem ganzen Arsenal aus Wunderwaffen empfangen, die Archimedes konstruiert hatte. Den Fall der Stadt konnten sie allerdings nicht verhindern. Die Römer stürmten Syrakus, ein Soldat entdeckte den Wissenschaftler, wie er geometrische Figuren in den Sand zeichnete. Seine letzten – original allerdings nicht bezeugten – Worte, bevor ihn der Soldat erschlug, haben ebenfalls Kultstatus:

> Störe meine Kreise nicht!

Vitruv berichtet folgende Szene (*Über Architektur* IX, praefatio 9–11):

> In Syrakus hatte Hieron der Jüngere die Königsmacht erlangt. Wegen dieser glücklichen Abläufe wollte er den unsterblichen Göttern in einem Heiligtum einen goldenen Kranz als Weihgeschenk widmen. Er setzte einen Arbeitslohn für die Anfertigung aus und teilte dem beauftragten Unternehmer das Gold genau nach Gewicht zu. Dieser präsentierte pünktlich das fein gearbeitete Werkstück, und es hatte den Anschein, als habe er das Gewicht des Kranzes exakt abgeliefert. Später aber wurde Anzeige erstattet: Man habe Gold weggenommen und dem Kranz die gleiche Menge Silber beigemischt. Hieron war zornig, dass man ihn betrogen hatte. Da er jedoch nicht wusste, wie er die Unterschlagung nachweisen sollte, bat er Archimedes, über das Problem nachzudenken. Dann, als er darüber nachdachte, ging er zufällig in eine Badanlage, und als er [Archimedes] dort in eine Badewanne stieg, erkannte er, dass so viel Wasser aus der Wanne herausfloss, wie er von seinem Körper eintauchte. Daher, weil dies einen Weg zur Lösung des Problems aufgezeigt hatte, wartete er nicht länger ab, lief gänzlich unbekleidet nach Hause und rief mit lauter Stimme immer wieder die griechischen Worte »heureka, heureka!«.

Ein Experiment, das auf dem Badewannen-Erlebnis beruhte, entlarvte den Goldschmied als Betrüger. Archimedes versenkte die Krone in einem Wasserbecken, registrierte die von ihr verdrängte Wassermenge und verglich diese mit dem Volumen an Wasser, das Silber- und Goldklumpen von gleichem Gewicht verdrängten. Die jeweilige Wassermenge war identisch – *heureka!*

Augustus & Varus

In der römischen Kaiserzeit konnte es von Vorteil sein, den Kaiser höchstpersönlich als Freund und Förderer zu haben. Der Herrscher wiederum war froh, wenn er Leute um sich wusste, auf die er sich verlassen konnte – oder auf die er sich verlassen zu können glaubte: wie Kaiser Augustus (reg. 27 v. Chr. – 14 n. Chr.) auf Publius Quinctilius Varus. Dessen Name ist untrennbar verbunden mit der desaströsen Niederlage der Römer im Teutoburger Wald im Jahr 9 n. Chr. Die Qualifikation des Varus für die Aufgabe, Krieg in Germanien zu führen und den Ruhm des Kaisers dadurch zu mehren, dass er die römische Herrschaft bis zur Elbe ausdehnte, war weniger seine Erfahrung als Militär und Verwaltungsfachmann, sondern seine persönliche Nähe zu Augustus. Diese Bindung wurde auch durch eine Heirat untermauert: Die Ehefrau des Varus war Claudia Pulchra, eine Verwandte des Kaisers. Bei Velleius Paterculus lesen wir (*Römische Geschichte* 2,117):

Quinctilius Varus stammte aus einer mehr angesehenen als zum höchsten Adel zählenden Familie. Er war von sanftem

Charakter und ruhigem Temperament, eher unbeweglich, was Körper und Geist betraf, mehr an das müßige Lagerleben als an den Kriegsdient gewöhnt. Dass er Geld nicht verschmähte, beweist seine Statthalterschaft in Syrien: Als armer Mann betrat er das reiche Syrien, als reicher Mann verließ er das arme Syrien. Als er Befehlshaber des (römischen) Heeres in Germanien wurde, meinte er, die Leute dort hätten außer der Stimme und den Gliedmaßen nichts an sich, was Menschen ähneln würde.

Sueton (*Augustus* 23,2) über die Reaktion des Augustus auf die Niederlage seines Spezis Varus in der Schlacht im Teutoburger Wald:

> Die Niederlage des Varus hätte fast das Ende bedeutet. Drei Legionen und ihr Anführer, die Legaten und alle Hilfstruppen waren vernichtet worden. Als die Nachricht von dem Ereignis eintraf, befahl der Kaiser, dass in ganz Rom Tag und Nacht Wachen patrouillieren sollten, um Unruhen vorzubeugen. Bei den Statthaltern in den Provinzen verlängerte er den Oberbefehl, damit die Bundesgenossen von erfahrenen und bekannten Leuten unter Kontrolle gehalten würden. [...] Schließlich geriet er so aus der Fassung, dass er sich über Monate hinweg Bart und Haare wachsen ließ, immer wieder den Kopf gegen die Tür schlug und ausrief: »Quinctilius Varus, gib die Legionen zurück!«

Ob die Sache anders ausgegangen wäre, hätte Augustus mehr auf Qualifikationen geachtet als auf persönliche Verbundenheit?

Tiberius & Seian

Zur Zeit des Kaisers Tiberius (reg. 14–37) war Lucius Aelius Seianus, der Präfekt der Prätorianer, der kaiserlichen Leibgarde, mächtigster Mann in Rom – manche sagten, unter, viele aber auch, über dem Kaiser. Er legte dank seiner guten Beziehungen zum Kaiser eine Traumkarriere hin, bis er einen tiefen Sturz erlebte.

Geboren um 20 v. Chr., war Seian über 20 Jahre jünger als Tiberius, für dessen Sicherheit er als Kommandant der Elitetruppe zuständig war. Bereits sein Vater wurde von Augustus zu einem der beiden Chefs der Garde der Prätorianer ernannt und war damit einer der wichtigsten Männer in der Augustus-Administration. Als Tiberius an die Macht kam, hielt der Höhenflug des Seian Senior an und nahm sogar noch an Tempo auf. Denn der neue Prinzeps ernannte den Sohn zum Kollegen des Vaters, die nun zusammen eine familiäre Doppelspitze bildeten. Später avancierte Seian Iunior zum alleinigen Chef der Prätorianer. Den entscheidenden Schwung erhielt seine Karriere, als er im Jahr 26 dem Kaiser das Leben rettete (Tacitus, *Annalen* 4,59,1):

> Zufällig geriet der Kaiser [Tiberius] in diesen Tagen in eine lebensgefährliche Situation, die dem Gerede (über seine Beziehung zu Seian) neue Nahrung gab und ihn dazu veranlasste, der Freundschaft und Zuneigung Seians noch mehr zu vertrauen. Sie hielten sich auf einem Landgut namens Spelunca [heute Sperlonga] auf, zwischen dem Meer von Amunclae und den Fundanerbergen, und tafelten in einer natürlichen Grotte. Da fielen plötzlich am Eingang Felsen herab und begruben einige der Diener unter sich. Alles

geriet in Angst und Schrecken, die Gäste ergriffen die Flucht. Seian aber beugte sich über den Kaiser und stemmte sich mit Händen und Knien gegen die herunterfallenden Steine. In dieser Haltung fanden ihn die zu Hilfe eilenden Soldaten. Von da an hatte Seian noch mehr Einfluss.

Ein ehrgeiziger Mann wie Seian war nicht nur der treue Paladin des Kaisers. Versehen mit der Gunst des Prinzeps und der einschüchternden Macht der Prätorianer im Rücken, hatte er bei allem, was er tat, nicht nur das Wohl der Stadt und die Sicherheit des Kaisers im Blick, sondern auch die eigene Karriere. Eine noch engere Beziehung zum Kaiserhaus konnte da nicht schaden, sagte sich daher der Präfekt und dachte über die Möglichkeit einer dynastischen Verbindung nach. Heirat war, wie er wusste, in den gehobenen Gesellschaftskreisen schon immer ein probates Mittel gewesen, die Zukunftsaussichten ambitionierter Persönlichkeiten zu verbessern. So entschloss er sich, seine Tochter effizient zu verheiraten, hielt in den Reihen der Familie des Tiberius nach einem geeigneten Schwiegersohn Ausschau und entdeckte einen Sohn des späteren Kaisers Claudius (reg. 41–54) namens Claudius Drusus. Das Werben war erfolgreich, bald wurde Verlobung gefeiert. Doch das Glück war nur von kurzer Dauer, denn nur wenige Tage später starb der neue Verlobte der Tochter des Präfekten.

Seian fiel später in Ungnade, im Jahr 31 n. Chr. sorgte der Kaiser für seinen spektakulären Sturz – angeblich, weil der Präfekt Ambitionen auf den Arbeitsplatz des Tiberius hegte. Die Abrechnung war gründlich. Cassius Dio (*Römische Geschichte* 58,11) berichtet von einem grausamen Strafgericht:

> Der Senat [...] fällte über ihn das Todesurteil. So wurde er hingerichtet und die Leiche die Treppen hinuntergeworfen, wo sie das aufgebrachte Volk drei Tage lang schändete. Schließlich wurden die sterblichen Überreste im Fluss versenkt. Auch seine Kinder wurden auf Beschluss des Senats zum Tode verurteilt.

Der einst so mächtige Rebell mit dem zweitbesten Arbeitsplatz im Römischen Reich wurde also mitsamt seinen Kindern hingerichtet. Sein Vermögen wurde konfisziert.

Nero & Tigellinus

Was für Tiberius Seian war, war für Nero Tigellinus. An ihm lässt die antike Publizistik kaum ein gutes Haar. Wie konnte es auch anders sein! Wer dem Tyrannen Nero diente, musste eben, zumal wenn er Chef der Prätorianergarde war, auch ein schlechter Mensch sein. Eine Chance, anders gesehen zu werden, hatte er nicht. Aber vielleicht war er ja wirklich so, wie ihn die Quellen schildern? Aus kleinen Verhältnissen stammend, legte Tigellinus jedenfalls eine Bilderbuch-Karriere hin, wobei er von seinen Netzwerken und insbesondere von seiner engen Beziehung zu Kaiser Nero (reg. 54–68) profitierte.

Die anschaulichste Würdigung seiner Persönlichkeit liefert Tacitus, dem gleich im ersten Satz seiner Ausführungen eine an Prägnanz nicht zu überbietende, komprimierte Zusammenfassung der einzelnen Stadien in der Laufbahn des Tigellinus gelingt (*Historien* 1,72):

Ofonius Tigellinus war von niedriger Herkunft, hatte eine abstoßende Jugend hinter sich und führte als alter Mann ein liederliches Leben.

Hier wie im Folgenden interpretiert der Historiker in einer für seine Kreise (die Schicht der Senatoren) charakteristischen Art und Weise das Denken und Handeln des Tigellinus in rein moralischen Kategorien:

Das Kommando über die Prätorianer und andere Auszeichnungen [...] hatte er auf dem einfachsten Weg - durch Laster, Grausamkeit, Habsucht - erlangt, schließlich durch kriminelle Handlungen, wie man sie nur bei Männern findet. Nero verführte er zu mancher Untat und leistete sich manches, wovon der Kaiser nichts wusste. Zuletzt ließ er ihn im Stich und verübte Verrat an ihm [...].

Natürlich findet Tigellinus ein Ende, das seinen Schandtaten angemessen ist:

Das Volk kam aus der ganzen Stadt auf dem Palatin und an anderen Plätzen zusammen, und dort, wo sich die Masse am chaotischsten aufführt - im Circus (Maximus) und in den Theatern -, dort machte es mit viel Geschrei so lange Krach, bis Tigellinus in seinem Urlaubsort Sinuessa die Nachricht erhielt, er müsse sterben. In lasterhaften Umarmungen mit seinen Geliebten und nach schmachvollem Zögern schnitt er sich mit einem Messer die Kehle durch und befleckte auf diese Weise sein schändliches Leben auch noch durch ein spätes, ruhmloses Ende.

Hadrian & Antinoos

Von ganz anderer Art war die Beziehung zwischen Kaiser Hadrian (reg. 117–138) und Antinoos. Dieser bekleidete keine militärischen oder politischen Spitzenpositionen und hatte doch viel mehr Einfluss auf den Kaiser als die meisten, die in der Vergangenheit am Hof und in der Regierung Rang und Namen gehabt hatten. Gemeinhin wird Antinoos als »Liebling« Hadrians bezeichnet. Dahinter verbirgt sich eine für die Antike durchaus typische Form der Verbindung zwischen einem älteren und einem jungen Mann. Diesem gesellschaftlich akzeptierten Status verdankte Antinoos seinen kometenhaften beruflichen Aufstieg. Für ihn war die Nähe zum Kaiser insofern ein Traumjob, als er nichts weiter zu tun hatte, als Hadrian immer und überall Gesellschaft zu leisten. Cassius Dio berichtet (*Römische Geschichte* 69,11):

> Antinoos stammte aus Bithynion, einer Stadt in Bithynien, von uns auch Klaudiopolis genannt [an der Südküste des Schwarzen Meeres, in der heutigen Türkei]. Er war der Liebling des Kaisers und starb in Ägypten – entweder weil er in den Nil fiel, wie Hadrian selbst schreibt, oder weil er sich, wie es in Wirklichkeit gewesen ist, (für den Kaiser) opferte. Hadrian war ja sehr wissbegierig und glaubte an alle möglichen Weissagungen und magischen Formeln. Aus diesem Grund ehrte er Antinoos mit der Gründung einer Stadt an jener Stelle, wo er sein Schicksal gefunden hatte, und benannte sie nach ihm. Er tat dies entweder, weil er ihn liebte, oder weil der junge Mann freiwillig den Tod gesucht hatte – denn es war notwendig, ein Leben freiwillig zu geben, da-

mit Hadrian seine Ziele erreichte. Er ließ ihm ferner Statuen, quasi Götterbilder, sozusagen auf der ganzen Welt errichten. Schließlich behauptete er, einen Stern zu sehen, den er zum Stern des Antinoos erklärte. Und er freute sich über die Geschichten, die in seiner Umgebung erzählt wurden: Der Stern, so sagte man, sei aus der Seele des Antinoos gekommen und damals zum ersten Mal erschienen.

Kapitel 4
Start-ups und Bilderbuchkarrieren

Auch für die Antike galt: Wer innovativ denkt, kann es weit bringen. Im besten Fall kommen originelle Ideen und deren professionelle Vermarktung zusammen. Ein Musterbeispiel für diese glückliche Kombination ist im frühen 1. Jahrhundert v. Chr. der Selfmademan Gaius Sergius Orata, ein römischer Unternehmer aus dem vornehmen Badeort Baiae am Golf von Neapel, dessen Visitenkarte – hätte er eine besessen – ohne Zweifel und völlig zu Recht die Einträge »Fischzüchter« und »Heiztechniker« geziert hätten. Der Name Orata war Programm: Er bedeutete »Goldforelle«, war geschäftsbezogen und hörte sich optimistisch an.

Die Geschäftsidee: Forellen und Austern ging es besser, wenn das Wasser, in dem sie schwammen, angenehme Temperaturen hatte. Wie aber heizt man ein Wasserbecken? Die Antwort: mit einer Fußbodenheizung. Etwas Ähnliches hatten früher bereits findige Griechen entwickelt, doch Orata brachte das System zur Perfektion. Es handelte sich um eine Hypokausten-Heizung nach dem Prinzip: Heiße Luft kommt von unten nach oben. In einer Heizkammer wurde die Luft mit Holz oder Holzkohle erhitzt und dann über einen Fußboden, der auf mehreren Ziegelsteintürmchen ruhte, nach oben in die zu heizenden Räume geleitet. So weit, so gut – jetzt fühlten sich Oratas Fische deutlich wohler. Doch, so der clevere Geschäftsmann, was für Fische gut war, musste auch für Menschen gut sein. Und so ließen sich die Reichen ihre Häuser und Bäder mit der genialen Heizung des Sergius Orata ausstatten – der riesige Profite einheimste und deswegen auch viele Neider auf den Plan rief (Plinius, *Naturgeschichte* 9,168):

> Sergius Orata war der Erste, der Behälter für Austern erfand, im Gebiet von Baiae, zur Zeit des Redners Lucius Crassus, vor dem Marsischen Krieg [Krieg Roms gegen seine Bundesgenossen 91–88 v. Chr.] – und zwar nicht aus Gründen der Feinschmeckerei, sondern aus Habgier. Denn er bezog aus einer so einfallsreichen Erfindung bedeutenden Profit, so, wie er auch als Erster die hängenden Bäder [*pensiles balinea*] erfand, um die so aufgestylten Villen gleich darauf wieder zu verkaufen.

Natürlich ist das, was Plinius wertend sagt, blanke Polemik. Der von Haus aus vermögende Forscher und Flottenkommandant mochte es eben nicht, wenn Newcomer viel Geld verdienten. Nicht Feinschmeckerei, sondern Habgier – woher wollte Plinius über 150 Jahre nach Oratas Aktivitäten das denn wissen? Orata selbst wird seine Motivation sicher nicht mit diesen Worten beschrieben haben.

Das richtige Händchen

Seneca berichtet über einen gewissen Senecio Cornelius (*Brief* 101):

> Senecio Cornelius, einen angesehenen und pflichtbewussten römischen Ritter, hast du [Seneca spricht hier seinen Briefpartner Lucilius an] ja gekannt. Aus kleinen Anfängen ist er durch eigene Leistung nach oben gekommen, und be-

reits da war ihm der Weg zu weiteren Zielen vorgezeichnet. Denn leichter fällt der Aufstieg zum Ruhm als der Beginn. Auch ist der Erwerb eines Vermögens von bescheidenen Verhältnissen aus mit Schwierigkeiten aller Art verbunden. Es ist nicht einfach, bis sich einer endlich von ihnen befreit. Senecio strebte nach Reichtum, und er besaß dafür zwei sehr wichtige Voraussetzungen: das Wissen um den Erwerb und um den Erhalt (des Erworbenen). Schon eine dieser Fähigkeiten hätte ausgereicht, ihn zu einem wohlhabenden Mann zu machen. Er war ein ganz anspruchsloser Mann, der auf seinen Besitz nicht weniger als auf seinen Körper achtete. Noch am Morgen hatte er mich, wie gewohnt, aufgesucht. Den Tag hatte er bei einem schwer erkrankten, ohne Chance auf Besserung daniederliegenden Freund verbracht und bis in die Nacht an seinem Bett gestanden. In aufgeräumter Stimmung hatte er gespeist. Doch dann wurde er von einer Krankheit lebensgefährlichen Ausmaßes erfasst, einem Angina-Anfall. Seine Atemwege verengten sich, der Atem stockte, und nur mit Mühe überlebte er bis zum Sonnenaufgang. Es dauerte nur wenige Stunden, bis er starb, nachdem er zuvor noch alle Geschäfte wie ein gesunder Mann im Vollbesitz seiner Kräfte erledigt hatte. Dieser Mensch, der zu Wasser und zu Land sein Geld machte, der sich an jeder Art von Kommerz versuchte und auch öffentliche Aufträge an sich gezogen hatte – dieser Mensch wurde mitten aus seinen florierenden pekuniären Geschäften herausgerissen.

Ein ewiges Leben kann man sich eben nicht kaufen.

Vom Feldarbeiter zum Stadtrat

In einer Inschrift aus Mactaris (heutiges Tunesien; *Corpus Inscriptionum Latinarum* VIII 11824) heißt es in Versform, hier in Prosa übertragen:

> Ich stamme aus einem armen Haus. Mein Vater war nur ein kleiner Mann, war weder Zensor [lokaler Beamter], noch besaß er ein Häuschen. Seit ich auf der Welt bin, verdiente ich mein Brot als Bauer. Ruhe gab es nicht für das Feld, Ruhe gab es niemals für mich. Immer, wenn das Jahr die reifen Samen spendete, war ich stets der Erste, der den Halm schnitt. Hatte die Schar der Schnitter den Weg zum Acker genommen, ging ich, war nun Cirta [Stadt in Nordafrika] das Ziel oder der numidische Zeus, den anderen voran und stand zuerst auf dem Feld. Eng geschlossen folgte hinter dem Rücken der Trupp. Unter der brennenden Sonne schnitt ich die Ernten, ein Dutzend, und aufgrund meiner Arbeit wurde ich zum Anführer ernannt. Und wir führten die Schar der Feldarbeiter elf Jahre lang, und vom numidischen Feld schnitt unsere Hand das Getreide. Dieser Fleiß und der Verzicht auf Genuss verschafften mir Mittel, machten mich zum Hausherrn. Es wurde ein Landhaus erworben, und das Haus erfüllte jeglichen Wunsch. Unser Leben ließ auch die Frucht der Ehre reifen, in der Schar der Bewerber stand ich selbst eingeschrieben. Und vom Stadtrat gewählt, saß ich selbst im Stadtrat, Bauernjunge, der ich einst gewesen war, war ich nun selbst Zensor. Und ich habe Söhne gezeugt und auch Enkel gesehen. Unseren Leistungen entsprechend erlebten wir glänzende Jahre. Daran etwas Schlechtes zu sehen, erlaubte sich keine freche Zunge.

Lernt, ihr Sterblichen, also das Leben ohne Schuld zu verbringen: Einen solchen Tod hat verdient, wer ohne Fehltritte gelebt hat.

Gier oder Geschäftssinn?

Die erste Feuerwehr in Rom war ein Start-up eigener Art, das Crassus, den ohnehin schon reichsten Mann von Rom, noch reicher machte, auch weil der es bei seiner Geschäftsidee mit Moral und Gesetz nicht so genau nahm. Dass er später auch noch mächtig werden wollte, sollte ihm zum Verhängnis werden. Er wurde zusammen mit den berühmten Kollegen Caesar und Pompeius 60 v. Chr. zunächst Mitglied im Ersten Triumvirat. 53 v. Chr. kam er, militärisch völlig unerfahren, in der Schlacht von Carrhae, im Kampf gegen die Parther, ums Leben. Geschäftlich war sein Leben eine einzige Erfolgsstory, was nicht allen gefiel. Der sich gern als Erzieher in Sachen Charakter und Moral gerierende griechische Biograph Plutarch nennt jedenfalls »Habsucht«, was Crassus selbst wohl eher als Geschäftstüchtigkeit oder flexible Anpassung an die jeweils gegebenen Verhältnisse bezeichnet hätte (Plutarch, *Crassus* 2,4):

Als schlagendster Beweis seiner Habsucht gilt die Art und Weise, wie er sein Vermögen erwarb, und dessen Umfang. Nachdem er anfangs nicht mehr als 300 Talente besessen hatte, opferte er, als er Konsul war, dem Herkules den zehnten Teil. Als er dann dem Volk Gastmähler spendiert und drei Monate lang jedem Römer aus seinem Vermögen den Lebensunterhalt finanziert hatte, fand er, als er [...] eine Bi-

> lanz seines Vermögens zog, immer noch einen Schätzwert von 7100 Talenten. Den größten Teil davon hatte er, wie man zu seiner Schande und der Wahrheit verpflichtet sagen muss, durch Feuer und durch Krieg gesammelt, indem er öffentliche Katastrophen zu seiner ergiebigsten Einnahmequelle machte [...]. Als die größten Plagegeister der Stadt Rom machte er die Brände und die aufgrund ihrer Größe und Schwere erfolgten Einstürze von Häusern aus. Daher kaufte er Sklaven, Experten auf allen Gebieten des Bauhandwerks, und als er mehr als 500 zusammen hatte, erwarb er die gerade brennenden und die den brennenden Häusern benachbarten Gebäude. Die Eigentümer waren aus Furcht und wegen der Unwägbarkeiten der Folgen (des Brandes) bereit, die Häuser zu einem Spottpreis zu verkaufen.

Der Multi-Unternehmer Crassus wusste genau, was er mit den Häusern anstellen wollte: Er nutzte sie zur Gentrifizierung und Altbausanierung. Crassus' Feuerwehr erschien, wie Beobachter notierten, auch überraschend schnell, wenn es irgendwo in Rom brannte. Und die Bereitschaft der Hausbesitzer, mit Crassus in Verhandlungen einzutreten, stieg proportional in dem Maße, wie die Mauern unter dem Einfluss des gefräßigen Feuers immer niedriger wurden ...

Spitzenleistung? Fehlanzeige!

Absolut traumhaft war auch die Karriere des Gaius Terentius Varro. Aus kleinen Verhältnissen arbeitete er sich in politische und militärische Spitzenstellungen hoch. Jedoch hört es sich nicht unbedingt euphorisch und schon gar nicht respektvoll an, was der römische Historiker Livius im Rückblick über Varros Aufstieg sagt (*Römische Geschichte* 22,25,19–26,2):

> Er stammte nicht nur aus niedrigen, sondern sogar aus schmutzigen Verhältnissen [*plebs sordida*]. Sein Vater soll Metzger gewesen sein, und er soll mit seiner Ware selbst gehandelt haben. Und seinen Sohn soll der Vater zu den verachtenswerten Diensten dieser Branche herangezogen haben. Der junge Mann hoffte, mit dem Geld, das ihm der Vater aus dieser Art von Erwerbstätigkeit hinterlassen hatte, das glückliche Leben eines freien Mannes führen zu können. Ihn reizten die Toga und das Forum. Indem er mit viel Getöse für niedrig stehende Menschen und schmutzige Prozesse gegen das Vermögen und das Renommee anständiger Leute in Erscheinung trat, wurde er beim Volk bekannt und bekleidete hohe Ämter.

Wäre Varro später nicht berühmt geworden, hätte man ihn, wenn man ihn überhaupt registriert hätte, als strebsamen jungen Mann charakterisiert. Doch Varro wurde berühmt, wenn auch nicht im positiven Sinn. Als Konsul 216 v. Chr. war er einer der beiden Spitzenbeamten dieses Jahres. In dieser Eigenschaft war er für die verheerende Niederlage der Römer in der Schlacht von Cannae gegen Hannibal und die Karthager verantwortlich. Von ihrem Spitzenpersonal verlangten die Römer immer auch Spitzenleistungen. Pleiten und Pannen waren in der Bilanz nicht vorgesehen. Klappte etwas nicht, lag es eben daran, dass die Verantwortlichen nicht kompetent genug waren. Im Falle Varros konstruierte man eine zweifelhafte Herkunft, um sein Versagen zu erklären. Hätte er bei Cannae gewonnen, wären seine Herkunft und seine Laufbahn als ruhmreich und ehrenvoll beschrieben worden.

Karriere-Sprungbrett Demokratie

Glaubt man den Quellen, war Kleon ein ungehobelter, unzivilisierter Mensch. Doch mahnen solche Urteile und Wertungen zur Vorsicht. Häufig steht dahinter der Neid derjenigen, die es nicht so weit gebracht haben wie der Beschimpfte. Das kann auch in einer Demokratie passieren. Kleon lebte im 5. Jahrhundert v. Chr., der Glanzzeit der athenischen Demokratie, der ersten Demokratie in der Geschichte. Er verkörperte einen neuen Politiker-Typus: Er kam nicht aus den feinen, etablierten Kreisen, sondern war ein Aufsteiger aus der gewerbetreibenden Mittelschicht – der erste Nichtadlige in der vordersten Reihe der Spitzenpolitiker in Athen. Sein Geld verdiente er als Inhaber einer Gerberei, ein Wirtschaftszweig, der in der Hierarchie der Tätigkeiten schon wegen der damit verbundenen unangenehmen Gerüche nicht sehr hoch angesiedelt war. Doch Kleon hatte politische Ambitionen, sah sich als Sprachrohr der einfachen Leute. Das Establishment war entsetzt, das Volk begeistert. Denn ihr Held war so ganz anders als die herkömmliche Politikerkaste. Und so sahen die Menschen ihm auch großzügig nach, was bei anderen Grund zur Empörung gewesen wäre (Plutarch, *Nikias* 7):

> Die Athener pflegten Kleons Leichtsinn und seine Verrücktheit als Spaß zu nehmen und sich darüber zu amüsieren. So wird erzählt, das Volk habe einmal, als eine Volksversammlung anberaumt war, auf seinen Plätzen gesessen und lange auf ihn gewartet, und erst spät sei er mit einem Kranz auf dem Kopf aufgetaucht und habe sie gebeten, die Versammlung auf den nächsten Tag zu verschieben. »Ich habe nämlich keine Zeit«, erklärte er, »ich will zu Hause gerade Gastfreunde bewirten und habe eben erst den Göttern geopfert.« Und die Athener wären lachend aufgestanden und hätten die Versammlung aufgelöst.

Entsprechend groß war beim Volk die Trauer, als Kleon 422 v. Chr. bei einem Seegefecht ums Leben kam.

Eine traumhafte Karriere legte in Athen etwas später der Banker Pasion hin. Er begann als Sklave eines Geldwechslers namens Antisthenes. Diese Chance nutzte er als Sprungbrett zu einer eigenen Karriere als Finanzmagnat. Von Antisthenes freigelassen, lebte er als wohlhabender Bürger in Piräus.

Banker hatten allerdings keinen guten Ruf. Auch Pasion sah sich Vorwürfen ausgesetzt, musste sich sogar in Prozessen verantworten (Demosthenes, *Rede* 36,43–44):

> Solange Pasion bei seinen Herren, den Bankiers Antisthenes und Archestratos' war, zeigte er sich in seinem Handeln ehrlich und gerecht und gewann Vertrauen. In der Geschäftswelt und auf dem Geldmarkt aber gilt als bewundernswert, wenn ein und derselbe Mann gleichzeitig ehrlich und ehrgeizig ist.

Die Geschäfte, die Pasion als Banker betrieb, waren für seine Zeit bemerkenswert modern. Ein Finanzmann seines Formats stand nicht einfach auf dem Marktplatz hinter einem Wechslertisch wie die meisten seiner Kollegen. Seinen Profit machte er mit der Verwaltung von Depositen wie Geld oder Schmuck und mit der Gewährung von Darlehen. Der Bankier konnte aber auch mit den ihm anvertrauten Depositen gewinnbringend arbeiten. In diesem Fall wurde dem Kunden ein Zins in Höhe von zehn bis zwölf Prozent gewährt. Wenn der Bankier aus diesen Einlagen Darlehen vergab, verlangte er von dem Kunden entsprechend höhere Zinssätze.

Bei seinem Tod hinterließ Pasion ein Vermögen in Höhe von 20 Talenten, das in Grundbesitz angelegt war, und als Darlehen vergebene Beträge in Höhe von 50 Talenten. Reicher war zuvor nur der Politiker und Unternehmer Nikias gewesen, der sein Vermögen von 100 Talenten vor allem aus den Einnahmen der Silberbergwerke von Laureion in Attika bezog, die ihm gehörten.

Neureich in Rom

Der kaiserzeitliche Autor Petronius karikiert in seinem *Satyrikon* (38,7) den Typus des Aufsteigers Pompeius Diogenes:

> Siehst du den Kerl dort am hinteren Ende des Sofas? Er hat jetzt seine 800 000 (Sesterzen) in der Tasche, und er kam aus dem Nichts. Nur kurze Zeit vorher hatte er noch einen Buckel Holz geschleppt.

Reicher Arzt mit Sinn für das Gemeinwohl

... oder eher für die eigene Karriere. Ärzte in Rom waren häufig Sklaven oder ehemalige Sklaven, also Freigelassene. Sie konnten, wie das Beispiel des Mediziners Merula zeigt, beträchtliche Einkünfte generieren und sich dann als edle Spender betätigen (*Inscriptiones Latinae Selectae* 7812):

> Publius Decimius Eros Merula, Freigelassener des Publius, Kliniker, Chirurg, Augenarzt, im Kollegium der »Sechs«. Er bezahlte für seine Freilassung 50 000 Sesterzen. Für seine Wahl zum Sevir [die Seviri waren ein kommunales Gremium von sechs Männern] bezahlte er 2000 Sesterzen an die Gemeindekasse. Zur Aufstellung von Statuen im Tempel des Hercules stiftete er 30 000 Sesterzen. Für die Pflasterung der Straßen gab er der Staatskasse 37 000 Sesterzen. Bei seinem Tod hinterließ er 500 000 Sesterzen.

Karriere als Quereinsteiger

Marcus Pomponius Marcellus, ein kräftiger Mann, begann seine berufliche Laufbahn als Faustkämpfer – und machte dann Karriere als gefeierter Grammatiker und Redner. Sueton (*Über Grammatiker* 22 und 23) zitiert aus einem Epigramm des bekannten Dichters Asinius Pollio, der diesen Aufstieg nicht gerade begeistert mit den Worten beschreibt:

> Er hat gelernt, seinen Kopf nach links zu bewegen, und gibt uns Unterweisungen in korrekter Ausdrucksweise. Sprachliche Talente hat der nicht, allenfalls die eines Boxers.

Eine Karriere der besonderen Art legte auch der ehemalige Haussklave Quintus Remmius Palaemon hin:

> Quintus Remmius Palaemon aus Vicetia war der Haussklave einer Frau. Er soll zuerst das Handwerk eines Webers ausgeübt haben. Als er den Sohn des Hauses in die Schule begleitete, soll er Lesen gelernt haben. Später freigelassen, wurde er Lehrer und nahm unter den Grammatikern den ersten Platz ein - und dies, obwohl er wegen aller möglichen schlechten Eigenschaften einen üblen Ruf hatte. (Die Kaiser) Tiberius und Claudius erklärten ganz unverhohlen, man dürfe jedem, nur nicht ihm die Ausbildung junger Leute anvertrauen. Die Menschen aber fing er dadurch ein, dass er sowohl kenntnisreich war als auch über die Gabe der Rede verfügte. Er improvisierte Gedichte, unter Verwendung unterschiedlicher ungewöhnlicher Versmaße. Er war so eingebildet, dass er Marcus Varro (einen der bedeutendsten Gelehrten in Rom) als Schwein bezeichnete und prahlte, mit ihm sei die Wissenschaft überhaupt erst geboren worden und mit ihm werde sie auch zugrunde gehen [...]. Er gab sich so sehr dem Luxus hin, dass er mehrere Male am Tag badete und trotzt der Einnahmen von 400 000 Sesterzen aus der Schule und einer fast ebenso hohen Summe aus seinem Vermögen mit dem Geld nicht auskam. Das Vermögen verwaltete er indes umsichtig, betrieb Firmen, in denen Textilien für den Verkauf hergestellt wurden, und um seine Landgüter kümmerte er sich so intensiv, dass ein Weinstock, den er selbst eingepflanzt hatte, Jahr für Jahr 365 Tage lang Trauben trug.

Karriere um jeden Preis

Eine lukrative und spektakuläre, wenn auch alles andere als ungefährliche Möglichkeit sozialen Aufstiegs und beruflichen Erfolges bot die Tätigkeit als Gladiator oder Wagenlenker. Viele, die in der Arena um Leben und Tod kämpften oder mit dem Vierergespann in rasantem Tempo im Hippodrom unterwegs waren, wurden gefeierte Superstars.

In Pompeji kritzelten die Fans von Gladiatoren oder die Akteure selbst ihre Botschaften an die Hauswände:

> Rusticus Manlius hat zwölfmal gekämpft und elfmal gesiegt. [Haus IV 2,3]
> Ich bin Montanus, zehn Siege. [Haus I 2,20; Zimmer in einer Gastwirtschaft]
> Barca, verrecke! [KII 6, Amphitheater]
> In allen Kämpfen hast du gesiegt. Er ist eines der sieben Weltwunder. [II 6, Amphitheater]
> Die Sehnsucht der Mädchen ist der Thraker Geladus. [Haus IV 2,3]

Der absolute Superstar und Bestverdiener unter den antiken Wagenlenkern war ein Mann namens Gaius Appuleius Diocles. Seine Wiege stand in Lusitanien, dem heutigen Portugal. Im 2. Jahrhundert n. Chr. brachte er in allen Arenen der römischen Welt die Fans zur Ekstase. Auf seinem Grabstein wurden seine Erfolge und Rekorde verzeichnet (*Corpus Inscriptionum Latinarum* 14,2884): 4257-mal ging er an den Start, 1462-mal kam er als Sieger ins Ziel, an Prämien strich er sagenhafte 36 Millionen Sesterzen ein. Mit diesen Preisgeldern hätte man den Sold aller römischen Legionäre für die Dauer von zwei Monaten bezahlen können.

Karriere beim Militär

Die römische Armee war ein beliebter Arbeitgeber – nicht zuletzt deswegen, weil sie exzellente Aufstiegsmöglichkeiten auch für Menschen aus den unteren Bevölkerungsschichten bot. Was man unter dem Zeichen des Legionsadlers alles erreichen konnte, zeigt beispielhaft die Karriere des Lucius Iulius Vehilius Gratus Iulianus. Die einzelnen Stationen sind akribisch auf einer Inschrift (*Corpus Inscriptionum Latinarum* 6,31856) verzeichnet. Demnach lässt sich die Laufbahn jenes Offiziers, der um 130 n. Chr. – vielleicht im syrischen Palmyra – geboren wurde, wie folgt rekonstruieren:

Kohortenpräfekt in Syrien (*praefectus cohortis III Augustae Thracum*)
Militärtribun in Oberpannonien (heute Ungarn; *tribunus cohortis I Ulpiae Pannoniorum milliariae equitatae*)
Reiterführer (*praefectus alae Herculanae*) im Partherkrieg des Kaisers Marc Aurel
Präfekt einer Reitertruppe von 1000 Mann im heutigen Linz (in Österreich; *praefectus alae I Tampianae*)
Chef eines Reiterregiments im Krieg gegen Germanen und Sarmaten an der Donau (*praepositus vexillationibus tempore belli Germanici et Sarmatici*)
Prokurator im Kampf gegen aufständische Kostoboken im Balkanraum (*procurator Augusti et praepositus vexillationis*

per Achaiam et Macedoniam [...] adversus Castobocas [...] rebelles)

Prokurator in Spanien im Kampf gegen rebellische Mauren aus Nordafrika (*procurator Augusti et praepositus vexillationis [...] in Hispaniae adversus [...] Mauros rebellos)*

Kommandeur der römischen Schwarzmeerflotte (*procurator Augusti et praefectus classis Ponticae)*

Kommandeur der römischen Flotte in Ravenna und Misenum (*praefectus classis praetoriae Ravennatis/Misenatis)*

Leiter der kaiserlichen Finanzverwaltung in Rom (*a rationibus)*

Leiter der Getreideversorgung in Rom (*praefectus annonae)*

Chef der kaiserlichen Leibgarde in Rom (*praefectus praetorio)*

Jobperspektive Kaiserwürde

Das 3. Jahrhundert war im Römischen Reich das Jahrhundert der Soldatenkaiser. Denn zunehmende militärische Herausforderungen an den Grenzen führten dazu, dass mehr und mehr Soldaten auf den Posten des Kaisers gehievt wurden. Das eröffnete den Militärs ungeahnte berufliche Perspektiven. Das Unternehmen »Soldaten werden Kaiser« begann 235 mit einem Haudegen namens Maximinus Thrax, um dessen obskure Karriere die Überlieferung eine Vielzahl von Anekdoten rankte (*Historia Augusta* 1–3):

Seinen Militärdienst begann er unter Kaiser (Septimius) Severus. Er stammte aus einem Dorf in Thrakien, den Barba-

> ren benachbart, und er war der Sohn barbarischer Eltern. Der Vater war, wie es heißt, Gote, die Mutter Alanin. Der Vater soll sich Micca, die Mutter Hababa genannt haben. Diese Namen hat Maximinus zu Beginn seiner Karriere selbst angegeben. Später, als er auf den Thron gelangt war, hielt er sie geheim, damit es nicht so aussah, als sei er ein Kaiser, der von beiden Elternteilen her barbarischer Herkunft war. In seiner frühen Jugend war er Hirte [...]. Seinen ersten Militärdienst absolvierte er bei der Reiterei, denn er war von auffällig großer Statur, im ganzen Heer berühmt für seinen Mut, eine stattliche männliche Erscheinung, vom Charakter her ungehobelt, aufbrausend überheblich, aber auch gerecht.

Seine Karriere nahm so richtig Fahrt auf, als er es schaffte, den Kaiser Septimius Severus (reg. 193–211) mit seinen Fähigkeiten zu beeindrucken:

> Der Kaiser veranstaltete aus Anlass des Geburtstages seines jüngeren Sohnes Geta militärische Spiele. Als Preise waren silberne Gegenstände ausgesetzt – Armbänder, Halsketten, Orden. Der junge Mann [Maximinus Thrax], als halber Barbar der lateinischen Sprache noch kaum mächtig, bat den Kaiser in aller Öffentlichkeit in seinem thrakischen Slang, mit Männern in Wettbewerb treten zu dürfen, die bereits eine gehobene Position erreicht hatten. Der Kaiser wunderte sich über den langen Kerl, ließ ihn, um die militärische Disziplin nicht zu verletzen, gegen die Trossknechte antreten – jedoch nur gegen die stärksten von ihnen. Maximinus beförderte mit einem einzigen Hieb 16 von ihnen in den Sand, bekam dafür 16 kleinere, nicht militärische Preise

> und den Befehl, ins Heer einzutreten. Am dritten Tag beobachtete Severus Maximinus bei einem Besuch des Exerzierplatzes, wie er nach Art der Barbaren mitten im Gewühl wild umhersprang. Da befahl er einem Tribun, sich um ihn zu kümmern und ihm militärische Zucht beizubringen. Als der Barbar merkte, dass der Kaiser über ihn gesprochen hatte, ging er zu dem hoch zu Ross sitzenden Kaiser, in der Meinung, er sei dem Kaiser bekannt und in der Masse positiv aufgefallen. Severus aber wollte herausbekommen, wie gut Maximinus im Laufen sei und ließ sein Pferd eine lange Zeit im Kreis galoppieren. Müde geworden, sagte der betagte Kaiser zu Maximinus, der die weite Strecke des Laufens durchgehalten hatte: »Wie sieht es aus, mein kleiner Thraker? Hättest du Lust, nach dem Laufen noch ein wenig zu ringen?« Die Antwort lautete: »So viel du willst, mein Kaiser.« Severus stieg vom Pferd und ließ die besten und stärksten Soldaten gegen ihn antreten. Wie üblich erledigte Maximinus die sieben stärksten mit einem Hieb [...]. Auf diese Weise zog er die Aufmerksamkeit auf sich, wurde beim Heer populär, Liebling der Tribunen, bewundert von den Kameraden. Beim Kaiser konnte er erreichen, was er wollte.

Nach dem gewaltsamen Tod des letzten Severerkaisers Alexander Severus im Jahr 235 wurde also der raue Soldat Maximinus aus Thrakien von seinen Truppen zum neuen Imperator ausgerufen. Für gut 50 Jahre stammten die meisten Herrscher von nun an aus dem Soldatenstand, weil militärische Erfahrung wegen der vielen Bedrohungen an den Grenzen besonders wichtig war. Dieser Umstand ermöglichte, nach dem Muster des Maximinus Thrax, eine Reihe von traumhaften Karrieren von ganz unten nach ganz oben. Doch der Arbeitsplatz eines Soldatenkaisers war äußerst unsicher. Der kaiserliche Thron wurde zum Schleudersitz: In knapp 50 Jahren gab es mehr als 70 Kaiser, manchmal mehrere gleichzeitig. Rückblickend wundert man sich, dass trotzdem so viele militärische Recken nach diesem Job strebten. Hatten sie keinen Erfolg, wurden sie von den Soldaten wieder abgesetzt, häufig sogar erschlagen, wie auch unser Protagonist Maximinus Thrax, dessen Karriere nach drei Jahren als Kaiser in der Stadt Aquileia ein jähes Ende fand:

> Inzwischen traf die Nachricht ein, dass sich alle Welt in der Abneigung gegen Maximinus einig sei. Da gerieten seine Soldaten in Angst, vor allem die, die in Rom Frau und Kinder hatten. Und so kam es, dass sie um die Mittagszeit in einer Kampfpause Maximinus und seinen Sohn erschlugen, in dem Zelt, in dem sie ihre Siesta hielten. Den Verteidigern von Aquileia zeigten sie ihre auf Lanzen aufgespießten Köpfe.

Kapitel 5
Zuwanderung und Greencards

Greencards im heutigen Sinne gab es in der Antike noch nicht, auch keine anderen Eintrittskarten in ein fremdes Land. Das Ticket in eine neue Welt waren in der Regel persönliche Kontakte und berufliche Fähigkeiten, die in der aufnehmenden Gesellschaft gefragt waren, sei es, weil es nicht genug Einheimische für diese Tätigkeiten gab, sei es, dass die Fremden als Fachkräfte über besonderes Know-how verfügten.

In Athen wurden diese Zuwanderer als *metoikoi* bezeichnet – wörtlich »Mitwohner«. Sie verfügten nicht über das Bürgerrecht, mussten eine spezielle Steuer zahlen und durften keinen Grundbesitz erwerben. So engagierten sie sich vor allem in Handelsgeschäften oder machten Unternehmen auf. Einigen, wie Kephalos aus Syrakus auf Sizilien, gelang auch eine Karriere in der Finanzbranche. Dabei profitierte er auch von seiner Freundschaft zu dem Athener Spitzenpolitiker Perikles (Plutarch, *Moralia* 835c):

> Kephalos stammte aus Syrakus, ging aber nach Athen, weil er in dieser Stadt leben wollte und auch weil Perikles ihn dazu ermuntert hatte, da er ein persönlicher Freund des Perikles war und beide miteinander durch Gastfreundschaft verbunden waren. Und er war ein sehr reicher Mann.

Seinen Reichtum verdankte der Syrakusaner einem intensiven Engagement als Unternehmer und Investor. Er betrieb eine florierende Fabrik, die sich auf die Herstellung von Waffenschilden spezialisiert hatte. Da in Griechenland immer irgendwo Krieg geführt wurde, war dies eine einträgliche und verlässliche Einnahmequelle. Nach seinem Tod erbte sein Sohn Lysias das Geschäft, und unter seiner Regie sollte es noch mehr Geld einbringen. Lysias war, wie es in einer Quelle heißt, »der Reichste unter den Fremden«, die dauerhaft in Athen lebten und arbeiteten.

Was in Griechenland die *metoikoi* waren, waren in Rom die *peregrini*, wörtlich: diejenigen, »die von außerhalb des Ackers« (das heißt des römischen Staatsgebietes) kamen. Es handelte sich bei ihnen um persönlich freie Menschen, die nicht das römische Bürgerrecht hatten, doch in Rom arbeiten durften und mit römischen Bürgern geschäftliche Beziehungen pflegen konnten. Daneben gab es die Massen von Sklaven, die als billige Arbeitskräfte in den verschiedensten Branchen eingesetzt wurden. In der Kaiserzeit war die Millionenstadt Rom ein Magnet für Menschen aus allen Teilen der Welt. Angezogen wurden sie von dem Ruhm und dem Flair der Hauptstadt des Imperiums, aber auch von der Chance, Beschäftigung und attraktive Arbeitsplätze zu finden.

Das war nicht sehr schwer. In Rom gab es Arbeit in Hülle und Fülle. Und es gab Menschen, die ihre Bedeutung und ihren Status von der Zahl der bei ihnen Beschäftigten ableiteten. Gerne nahmen sie Arbeiter aus der Fremde, die für diese Art der Fürsorge in einer ihnen nicht bekannten Gesellschaft sehr dankbar waren. Die Kehrseite: Die Beschäftigung auswärtiger Arbeitskräfte rief einheimische Neider und Kritiker auf den Plan, die sich benachteiligt fühlten und den Fremden ihren beruflichen Erfolg nicht gönnten.

Zum Sprachrohr der Unzufriedenen machte sich im 2. Jahrhundert n. Chr. der Dichter Iuvenal. Was er in seiner

3. Satire schrieb, war nicht lustig oder überspitzt, sondern absolut ernst gemeint – hier die Verse 58 ff. in einer Prosaübersetzung:

> Welches Volk heute bei unseren Reichen am beliebtesten ist und vor wem ich vor allem fliehe, will ich gerne zugeben, und es soll mich keine Furcht davon abhalten. Ich kann, ihr (römischen) Mitbürger, das griechische Rom nicht ertragen. [...] Schon längst ist der syrische (Fluss) Orontes in den Tiber geflossen und bringt mit sich die Sprache, die Sitten und die schrägen Saiten mitsamt dem Bläser der Tibia [eine Flöte] und die einheimischen Trommeln und die jungen Frauen, denen man befiehlt, sich beim Circus (Maximus) den Männern anzubieten.

Frauen, die aus Griechenland und aus dem Orient kommen, sind als Prostituierte tätig, behauptet der Dichter. Und im Weiteren führt er eine ganze Reihe weiterer Professionen aus, die von den Fremden ausgeübt werden:

> Jede Art von Mensch hat er [der Fremde] zu uns gebracht: Grammatiker, Rhetoren, Geometer, Maler, Masseure, Wahrsager, Seiltänzer, Ärzte, Zauberer.

Eine merkwürdige, in sich nicht gerade stimmige Zusammenstellung von Berufen, die Iuvenal hier vornimmt. Was ihnen gemeinsam ist, ist das Faktum, dass sich Fremde aus dem Osten des Imperiums tatsächlich auch in solchen Metiers tummelten. In der Hierarchie der Berufe, was ihre soziale Akzeptanz und ihren Platz im Ranking angeht, standen sie ziemlich weit unten – auch die Ärzte und die Rhetoren. Erstere wurden trotz aller Verdienste den Ruf nicht los, Scharlatane zu sein, Letztere galten als Menschen, die nicht wirklich etwas leisteten, viel schwafelten und ansonsten brotlose Kunst produzierten.

Begehrt waren bei den Zuwanderern aus dem Osten Arbeitsplätze im öffentlichen Dienst, gerne in der kaiserlichen Administration, denn das waren krisensichere Jobs. Viel zu tun gab es hier immer, und die Kaiser waren dankbar für kompetente Fachkräfte. Griechische Herkunft galt als Gütesiegel, denn die Griechen hatten, was staatliche Verwaltung anging, von ihrer Geschichte her viel mehr Erfahrung als die Römer. Leuchtende Beispiele waren Freigelassene griechischer Herkunft, die unter Kaiser Claudius (reg. 41–54 n. Chr.) am Hof Spitzenpositionen bekleideten, wie Pallas, der Finanzminister, Narcissus, der Chef des kaiserlichen Archivs, und Kallistos, der das Ressort Kommunikation leitete. Profilieren konnten sich bei Claudius aber auch viele andere Zuwanderer. Sueton (*Claudius* 28) nennt etwa

... den Eunuchen Posides,

> dem der Kaiser bei seinem Triumph über Britannien wie jenen Männern, die im Krieg erprobt waren, einen Lanzenschaft schenkte.

... den Freigelassenen Felix,

> der es bis zum Kommandanten einer Schwadron und einer Kohorte und bis zum Statthalter der Provinz Iudaea brachte und der Ehemann dreier Königinnen war.

… Harpokrates,

dem Claudius erlaubte, sich in einer Sänfte durch die Stadt chauffieren zu lassen und Schauspiele zu organisieren, als würde er ein öffentliches Amt bekleiden.

… den Kultusminister Polybius,

der einen noch höheren Aufstieg als die anderen erlebte. In der Öffentlichkeit ging er meist zwischen den beiden Konsuln.

Goldene Zeiten für Arbeitsmigranten im Rom der Kaiserzeit? Dieser Eindruck könnte entstehen, wenn man von solchen Erfolgsgeschichten liest. Doch Vorsicht: Wir hören eben mehr von Erfolgen als von Misserfolgen. Tausende von Fremden, die mit großen Hoffnungen oder Erwartungen, teils allein oder mit ihren Familien, nach Rom kamen, wurden schwer enttäuscht. Sie bekamen nicht nur nicht ihre Traumjobs, sondern viele auch überhaupt keinen Job – so wie ein gewisser Herminos, der sich auf den langen Weg von Ägypten nach Rom gemacht hatte, um in der Hauptstadt des Imperiums sein Glück zu machen, wie er in einem privaten Brief (*Papyrus Oxyrhynchus* 3325) verrät. Am Zielort Rom aber existiert kein Dokument, das ihn in irgendeiner Position erwähnt. So ist zu befürchten, dass Herminos zum Heer jener Fremden gehörte, die sich als Tagelöhner oder Hilfsarbeiter durchschlagen mussten. Vielleicht ist er auch desillusioniert in die Heimat zurückgekehrt.

Kapitel 6
Branchen mit guten Jobaussichten

Antike Berufsberater – wenn es sie gegeben hätte – hätten denjenigen, die sie nach einem sicheren und gut bezahlten Job gefragt hätten, den Tipp gegeben: Geh zum Bau oder zum Militär! Denn gebaut wurde in der Antike immer, und ebenso wurde ständig Krieg geführt. Beide Branchen waren also absolut krisenfest.

Projekt Akropolis: jede Menge Arbeitsplätze

Der aus aristokratischer Familie stammende Perikles war in der Demokratie der Athener über viele Jahre hinweg die führende Persönlichkeit. Nicht nur aus Fürsorge, sondern auch um seine Position zu festigen, kümmerte er sich mit großem Engagement um die wirtschaftliche Leistungsfähigkeit seiner Stadt – und darum, dass möglichst viele Menschen Arbeit hatten. Sein ehrgeizigstes Projekt war die Akropolis. Der Vorzeigehügel Athens lag nach den Zerstörungen durch die Perser 480 v. Chr. für viele Jahre brach. Die Tempel und die anderen Gebäude waren nur noch Ruinen. Perikles startete in der zweiten Jahrhunderthälfte ein umfangreiches Wiederaufbauprogramm, das auf dem athenischen Arbeitsmarkt zu einem wahren Boom führte. Aus moderner Sicht ist man daran gewöhnt, dass sich Bauprojekte ewig hinziehen, jedenfalls dass in den seltensten Fällen das angestrebte Ziel der Beendigung erreicht wird. Das war in Athen ganz anders, wie der Schriftsteller Plutarch in seiner Perikles-Biographie, nachdem er die Bauarbeiten ausführlich beschrieben hat, bewundernd hervorhebt (*Perikles* 12 f.):

> Perikles wollte, dass die vielen Bürger, die keinen Militärdienst leisteten und ihren Lebensunterhalt mit ihrer Hände Arbeit verdienen mussten, auch von den üppigen Einkünften aus der Bundeskasse profitierten [also von der Kasse des Delisch-Attischen Seebundes, einer von Athen angeführten Koalition griechischer Stadtstaaten mit dem Ziel, bei einem neuen Angriff der Perser finanziell und militärisch gewappnet zu sein]. Doch sollten ihnen die Einkünfte nicht ohne eigene Leistung und ohne Arbeit in den Schoß fallen. So unterbreitete er dem Volk großartige Pläne für Projekte und Bauten, die viele Handwerker für einen langen Zeitraum in Lohn und Brot setzen würden [...]. Jede Menge Materialien wurden benötigt – Steine, Elfenbein, Gold, Ebenholz, Zypressenholz –, und zu ihrer Bearbeitung waren viele Handwerker gefragt: Zimmerleute, Bildhauer, Kupferschmiede, Steinmetze, Färber, Goldarbeiter, Elfenbeinschnitzer, Maler, Sticker, Graveure. Die Transporte auf dem Meer brachten den Reedern, Matrosen und Steuermännern Beschäftigung, die Transporte zu Lande den Wagenbauern, Pferdebesitzern, Fuhrleuten, Seilern, Leinewebern, Straßenbauern und Bergleuten. Und jedes einzelne Handwerk verfügte, wie der Feldherr über sein Heer, über eine Menge von ungelernten Hilfsarbeitern, die als Handlanger fungierten. Kurzum: die Masse und Vielfalt der Arbeiten machte es möglich, dass für jedes Alter und jede soziale Schicht viel Profit gegeben war.
> Und so stiegen die Bauten zu imposanter Größe gen Him-

mel, in unvergleichlicher Harmonie der Formen, und die Meister konkurrierten miteinander, durch die Raffinesse der Ausführung über ihr Handwerk hinauszuwachsen. Das Wunderbarste aber war das Tempo. Zuvor war man der Meinung gewesen, zur Vollendung jedes einzelnen dieser Bauwerke würde die Arbeit vieler Generationen kaum ausreichen. Und doch wurden sie alle in der glorreichen Zeit der Regierung (des Perikles) vollendet.

Dauerbaustelle Rom

Auch in Rom, der Hauptstadt eines Weltreiches mit einer Millionen-Bevölkerung, gab es für Bauarbeiter viel zu tun und zu verdienen. In der Kaiserzeit war Rom eine Dauerbaustelle. Jeder Herrscher wollte der Stadt seinen architektonischen Stempel aufdrücken, griff tief in die Kasse und investierte viel Geld in Nutz-, vor allem aber in Prestigebauten. Ein Vorreiter war Kaiser Augustus (reg. 27 v. Chr. – 14 n. Chr.), der nach seinen eigenen Worten maßgeblich zur Verschönerung der Metropole am Tiber beitrug (Sueton, *Augustus* 28):

Ich habe eine Stadt aus Ziegelsteinen vorgefunden und hinterlasse eine Stadt aus Marmor.

Der vollständige Bericht Suetons über die Bautätigkeit des Augustus in Rom lässt erahnen, wie viele Menschen dabei als Handwerker und Arbeiter zum Einsatz kamen (*Augustus* 28 f.):

Bau eines Mausoleums mithilfe eines Krans. Relief des Hateriergrabmals, Rom, 1. Jahrhundert. Rom, Vatikanische Museen.

Die Hauptstadt des Reiches, die nicht so geschmückt war, wie es der Würde des Imperiums entsprach und die von Hochwasserkatastrophen und Bränden geplagt wurde, hat er in einer solchen Weise verschönert, dass er sich zu Recht rühmen konnte, eine Stadt aus Ziegelsteinen vorgefunden und eine Stadt aus Marmor hinterlassen zu haben. Um sie auch für die Zukunft sicher zu machen, tat er alles, was menschliche Organisation leisten kann. Er ließ jede Menge öffentliche Bauten errichten, von denen die bedeutendsten die folgenden sind: ein Forum mit dem Tempel des Mars Ultor, der Tempel des Apollon auf dem Palatin, der Tempel für Iuppiter Tonans auf dem Kapitol. [...] Einige Bauwerke ließ er auch im Namen anderer errichten, im Namen seiner Enkel, seiner Gattin, seiner Schwester, wie die Säulenhalle und die Basilika des Gaius und des Lucius. Dazu zählen auch die Säulenhallen der Livia und der Octavia und das Theater des Marcellus. Aber auch andere führende Männer pflegte er zu ermahnen, den jeweiligen Möglichkeiten entsprechend die Stadt zu schmücken – entweder durch neue Monumente oder durch Reparatur und Dekoration alter Monumente. Seiner Aufforderung leisteten damals viele Folge, so wie Marcus Philippus mit dem Tempel des Hercules Musarum, Lucius Cornificius mit dem Tempel der Diana, Asinius Pollio mit dem Atrium der Göttin der Freiheit, Munatius Plancus mit dem Tempel des Saturn, Cornelius Balbus mit einem Theater, Statilius Taurus mit einem Amphitheater, und Marcus Agrippa soll sogar eine ganze Reihe herausragender Bauten errichtet haben.

Lieber Arbeiter als findige Ingenieure

Auf den stadtrömischen Baustellen wurde geschuftet und geackert, was das Zeug hielt. Tausende Menschen arbeiteten sich die Finger wund und fielen am Abend todmüde ins Bett. Kein Wunder, dass sich kluge Köpfe Gedanken über die Arbeit erleichternde Techniken machten. So auch der Ingenieur, der eines Tages bei Kaiser Vespasian (reg. 69–79) erschien und ihm das Konzept einer bahnbrechenden Erfindung präsentierte (Sueton, *Vespasian* 18):

> Ein Ingenieur [*mechanicus*], der ihm anbot, mit geringen Kosten riesige Säulen auf das Kapitol zu schaffen, wurde für seine Erfindung reich belohnt. Doch ließ der Kaiser die Ausführung des Projektes nicht zu, mit der Begründung, er müsse ihm doch gestatten, sein einfaches Volk [*plebicula*] zu ernähren.

Die Episode beleuchtet beispielhaft das Verhältnis der Antike zur Technik und zur körperlichen Tätigkeit. Den Herrschenden waren Arbeitsplätze wichtiger als neue, Arbeitskräfte einsparende Technologien, und so dachte Vespasian mehr an die sozialen Belange der stadtrömischen Bevölkerung als an einen prominenten Eintrag im Buch der Technikgeschichte. Denn ohne Frage hatte der Ingenieur eine geniale Maschine erfunden. Diese verschwand dank der patronalen Fürsorge des Kaisers für sein Volk in der Requisitenkammer nicht realisierter technischer Errungenschaften. Der *mechanicus* hingegen dürfte frustriert gewesen sein und am Sinn und an der Wertschätzung seines Tuns erhebliche Zweifel gehegt haben. Vielleicht reihte er sich in einen der Bautrupps ein, die ganz herkömmlich mit Muskelkraft und im Schweiße ihres Angesichts die schweren Säulentrommeln auf das Kapitol oberhalb des Forum Romanum schleppten, sich auf den Feierabend freuten und doch froh waren, am nächsten Tag wieder an ihrem gesicherten Arbeitsplatz erscheinen zu dürfen, der ihnen und ihren Familien den Lebensunterhalt sicherte.

Aus der Rente zurückgeholt

Aber Techniker und Ingenieure hatten auch ihre Erfolgserlebnisse. Das zeigt der Fall des Nonius Datus: Sein Meisterwerk war ein Tunnel mitten durch einen Berg. Es war in der Mitte des 2. Jahrhunderts n. Chr., in der kreativsten Phase der römischen Kaiserzeit. Schauplatz war die Landschaft Numidien im heutigen Algerien. Militärarchitekten der 3. Legion hatten den Auftrag erhalten, von einem Quellgebiet eine Wasserleitung über 21 Kilometer zur Küstenstadt Saldae zu legen. Doch das Unternehmen scheiterte. Das praktizierte Gegenortverfahren hatte nicht zu einer Zusammenführung der beiden Stollen geführt. Aber dann machte sich Nonius Datus an die Arbeit, ein pensionierter Landvermesser der römischen Armee. Unter seiner Leitung wurde das Projekt erfolgreich gestaltet: Über eine Länge von 482 Metern floss das frische Wasser nun durch einen Kanal im Berg. Wie jeder Römer, der etwas auf sich hielt, handelte auch Nonius Datus nach der Devise »Leiste Bedeutendes und erzähle der Welt davon«. Denn er ließ eine Inschrift aufstellen, die noch heute von seiner technischen

Großtat zeugt und in der er auch seine organisatorischen Talente ins rechte Licht rückte (*Corpus Inscriptionum Latinarum* 8,1,2728):

> [...] Ich teilte die Aufgaben genau zu, so dass jeder Arbeiter wusste, welche Streckenlänge des Vortriebs er zu bearbeiten hatte [...].

Außerdem verstand sich Nonius Datus auf die Kunst der Motivation: Die arbeitenden Soldaten sollten das Projekt sportlich sehen und versuchen, das Werk möglichst schnell zu vollenden. Tatsächlich trafen sich die beiden Gruppen planmäßig in der Mitte des Berges:

> Und so kam man zum Durchstich des Berges. Ich also, der ich als Erster das Niveau ermittelt, die Richtung gewiesen und die Arbeiten hatte machen lassen nach dem Plan, den ich dem Prokurator Petronius Celer gegeben hatte, habe den Bau zum Ende gebracht.

Sprach's, und zog sich, wie zu vermuten ist, wieder auf das wohlverdiente Altenteil zurück, in dem beruhigenden Bewusstsein, es den jungen Leuten noch einmal gezeigt zu haben.

Gut bezahlte Soldaten

Wer sich in der Antike für eine berufliche Laufbahn beim Militär entschied, hatte zwei Optionen. Entweder diente er in den heimischen Bürgerarmeen, oder er ging in die Fremde und verdingte sich als Söldner. Im letzten Fall waren die Verdienstmöglichkeiten deutlich besser.

Dabei bezahlte auch die römische Armee nicht schlecht. Im 2. Jahrhundert v. Chr. zum Beispiel gab es ein nach Truppeneinheit und Dienstrang abgestuftes Bezahlungssystem, wie der gut informierte griechische Historiker Polybios (6,39) berichtet:

> An Sold erhalten die Soldaten vom Fußvolk zwei Obolen täglich, die Zenturionen das Doppelte, die Reiter eine Drachme, an Verpflegung jene pro Monat etwa zwei Drittel eines attischen Scheffels Weizen, die Reiter sieben Scheffel Gerste, zwei Weizen. Bei den Bundesgenossen erhält das Fußvolk das Gleiche, die Reiter erhalten ein Drittel Scheffel Weizen und fünf Scheffel Gerste. Die Bundesgenossen erhalten dies als Geschenk. Bei den Römern dagegen zieht der Quästor für Getreide, Kleidung oder Waffen [...] den entsprechenden Preis vom Lohn ab.

Umgerechnet erhielt ein Legionär damit im Jahr 480 Sesterzen. Zur Zeit des Diktators Iulius Caesar, gut hundert Jahre später, betrug der jährliche Sold bereits 900 Sesterzen: »Den Legionen verdoppelte er für alle Zeiten den Sold«, will der Biograph Sueton (*Caesar* 26,3) sogar wissen. »Für alle Zeiten« – eine solch großzügige Bezahlung konnte nicht einmal der große Caesar garantieren. Tatsächlich aber stieg der Sold in der Folgezeit – auch inflationsbedingt – kontinuierlich an.

Unter Kaiser Domitian (reg. 81–96) wurden 1200 Sesterzen pro Jahr gezahlt. Zu diesem Zeitpunkt war die römische Armee bereits eine Berufsarmee. Wer die Normalzeit von 20 Jahren in der Legion diente, hatte bei der Entlassung ein hübsches Sümmchen verdient und bekam vom Staat beim Abschied obendrein noch eine Abfindung oder ein Stück Land. Kein Wunder, dass es beim römischen Heer nie personelle Engpässe gab. Und in die Hilfstruppen drängten die Angehörigen fremder Völker, die sich von der Aussicht auf regelmäßig eintreffenden Sold, aber auch von der Verleihung des römischen Bürgerrechts nach 25 Dienstjahren locken ließen.

An die Summen, die man als Söldner verdiente, kamen sie allerdings nicht heran. Im antiken Griechenland wurde eigentlich immer Krieg geführt. Da reichten die Bürgerarmeen als mobile Milizen nicht aus. Söldnerführer witterten das große Geschäft und boten ihre Truppen den kriegführenden Parteien an. Besonders gerne griffen Tyrannen zu – sie waren nicht etwa, wie man angesichts der modernen Verwendung des Begriffs meinen könnte, gewalttätige, blutrünstige Despoten, sondern nach zeitgenössischem Verständnis adlige Politiker, die sich in Machtkämpfen gegen interne Konkurrenz durchgesetzt hatten und zur Sicherung ihrer Herrschaft sowie für kriegerische Unternehmungen eben auf die Unterstützung von Söldnertruppen setzten. So wie Peisistratos, der im 6. Jahrhundert v. Chr. in Athen eine Tyrannis einrichtete. Als er ins Exil gehen musste, aktivierte er alle Energien für eine Rückkehr (Herodot 1,61):

> Von überall her kamen hohe Geldsummen, und in besonders großem Umfang gaben die Thebaner. Es dauerte [...] einige Zeit, bis alles für die Rückkehr bereit war. Aus der Peloponnes kamen Söldner aus Argos, und ein Freiwilliger

namens Lygdamis steuerte mit großer Bereitwilligkeit Geld und Personal bei.

Auch der Tyrann Polykrates von Samos, dem Schiller in seinem *Ring des Polykrates* ein literarisches Denkmal gesetzt hat, verließ sich auf auswärtige Söldnertruppen, wie wiederum Herodot (3,45) bezeugt:

Polykrates besaß Söldner und eigene Bogenschützen in großer Zahl.

Griechische Söldner hatten auch bei auswärtigen Herrschern gute Chancen auf einen Arbeitsplatz. Einen besonders guten Ruf genossen Bogenschützen aus Kreta. Als Hannibal bei seinem Feldzug nach Italien die Römer 218 v. Chr. in der Schlacht an der Trebia besiegt hatte, baten diese, wie Polybios (3,75) mitteilt, den König Hieron von Syrakus um militärische Hilfe, »woraufhin dieser ihnen 500 Kreter und 1000 Peltasten [leicht bewaffnete Fußsoldaten] schickte«.

Allgemein begehrt waren auch griechische Söldner aus den alten griechischen Siedlungsgebieten in Ionien und Karien. Sie dienten, wie Herodot (2,154) weiß, unter anderem dem ägyptischen Pharao Psammetich II. (reg. 595–589 v. Chr.) und wurden dafür im altehrwürdigen Land am Nil mit üppigen Privilegien und Wohltaten belohnt:

Seinen Helfern, den Ioniern und Karern, übertrug Psammetich Land zum Ansiedeln, ein Gebiet zu beiden Seiten des Nil [...]. Er gab ihnen außerdem alles, was er ihnen versprochen hatte. Er brachte sie sogar in Kontakt mit jungen

Ägyptern, um diesen Gelegenheit zu geben, die griechische Sprache zu erlernen.

Bestätigt werden diese Angaben durch Inschriften, welche die griechischen Söldner in Abu Simbel hinterlassen haben – eingeritzt originellerweise in das linke Bein einer der Kolossalstatuen des Pharaos Ramses II. (R. Meiggs / D. Lewis, *Selection of Greek Historical Inscriptions*, Oxford 1969). Sie kamen, wie der Text zeigt, in militärischer Mission. Die fremde Zunge, also die Fremden, wurde(n) von einem Mann namens Potasimto befehligt, die Ägypter von einem Amasis. Es folgen die Namen der Schreiber, die – nicht ganz fehlerfrei – für die Gruppe schrieben (offensichtlich waren die meisten Söldner des Schreibens nicht mächtig), und die Namen von sieben Söldnern, die fern der Heimat ihr berufliches Glück gesucht hatten.

200 Jahre später auf der anderen Seite des Mittelmeers: 401 v. Chr. gab es ein Beben an der Job-Börse – denn bei den Persern waren Thronstreitigkeiten ausgebrochen. Der unterlegene Kandidat wollte mit aller Macht die Herrschaft und setzte auf fremde Hilfe in Gestalt von Söldnern. In Griechenland gab es gerade viele Bewerber. Kurz zuvor war der Peloponnesische Krieg zwischen Athen und Sparta zu Ende gegangen. Viele Menschen hatten Familie, Heimat und Beruf verloren. So nahmen sie das Angebot des Persers Kyros gerne an. Der griechische Historiker und Schriftsteller Xenophon war einer dieser Söldner. Mit seiner *Anabasis* (»Hinaufmarsch«) hat er ein klassisches Werk über den »Zug der Zehntausend« geschrieben, als Tausende von Söldnern den hoch riskanten Rückweg von ihrem Einsatzgebiet zum Schwarzen Meer antraten.

Über die anfängliche Anwerbung der Söldner heißt es dort (1,9):

> Der Spartaner Klearchos war ein Verbannter. Kyros traf sich mit ihm, war von ihm beeindruckt und überreichte ihm 10 000 Dareiken [der Dareikos war damals die persische Währung]. Dieser steckte das Geld ein und warb damit ein Heer an. Von der Chersones aus bekämpfte er die oberhalb des Hellesponts siedelnden Thraker und half damit den Griechen. Aus diesem Grund halfen auch die Städte, die am Hellespont lagen, freiwillig mit finanziellen Mitteln für den Unterhalt seiner Soldaten aus. So stand dieses Heer in aller Heimlichkeit für Kyros bereit. Der Thessaler Aristippos war ein Gastfreund des Kyros. Von den Gegnern in der Heimat in die Enge getrieben, erschien er bei Kyros und bat ihn um den Sold für 2000 Krieger für die Zeit von drei Monaten. So könne er seine Gegner besiegen. Kyros gab ihm den Sold für 4000 Söldner für die Zeit von sechs Monaten.

Ungekrönter König des antiken Söldnerwesens aber war der Molosserkönig Pyrrhos aus der griechischen Landschaft Epirus. Seine größte Aktion war ein Feldzug nach Italien, für den ihn und seine Truppe die Stadt Tarent engagiert hatte. So zog er im Jahr 280 v. Chr. mit 25 000 Mann und 20 Kriegselefanten gegen die Römer. Hätten seine Söldner davor gewusst, dass sie lauter »Pyrrhus-Siege« erringen würden, hätten sie die Wahl ihres Jobs im Dienst des Pyrrhos vielleicht noch einmal überdacht. Pyrrhos siegte sich gewissermaßen zu Tode und musste Italien, nach einem Intermezzo auf Sizilien, wieder verlassen – als ein letztlich geschlagener Söldnerführer.

Kapitel 7
Erfüllung im Job?

Heutzutage gibt es für alles Meinungsumfragen. Wenn es in der Antike bereits demoskopische Untersuchungen gegeben hätte, wären die Menschen von den Meinungsforschern mit Sicherheit gefragt worden: Sind Sie mit Ihrem Job zufrieden? Oder – besser noch – in dem sprachlich wie logisch etwas unglücklichen modernen Demoskopen-Jargon: Wie zufrieden sind Sie mit Ihrem Job? Mit den Vorgaben »eher zufrieden«, »eher unzufrieden«, »weiß nicht«.

Wie viele Befragte eine positive Antwort gegeben hätten, muss notgedrungen spekulativ bleiben. Jedenfalls scheinen die Kategorien »glücklich« oder »zufrieden« bei der beruflichen Tätigkeit keine herausragende Rolle gespielt zu haben. Man machte seine Arbeit, egal ob sie Spaß bereitete oder nicht. So war es eben in einer Gesellschaft, in der die sozialen Rollen und damit auch die beruflichen Möglichkeiten in der Regel fest verteilt waren. Waren die Jobs für Frauen ohnehin rar gesät, traten die Söhne meist, ohne sich große Gedanken zu machen, in die Fußstapfen des Vaters, stiegen als Handwerker in dessen Betrieb ein, pflegten die bäuerliche Familientradition, betätigten sich als Kaufleute, gingen zum Bau oder zum Militär.

Die Antike als eine spaßfreie, diszipliniert/routiniert/resigniert ihr tägliches Pensum abspulende Arbeitsgesellschaft? Ganz so war es auch nicht. Zunächst einmal: Wir haben nur sehr wenige Quellen, die etwas über die Einstellung der Normalmenschen zu ihrer Arbeit verraten. Und einzelne Beispiele zeigen: Manche Menschen fanden tatsächlich in ihrem Job die Erfüllung – vielleicht nicht die Erfüllung aller Träume, aber doch einen Grad an Zufriedenheit, der über das übliche Maß hinausging und ihnen das Gefühl gab, dass Arbeit nicht nur eine ärgerliche Unterbrechung der Freizeit sei.

Brotlose Kunst?

Zu den Glücklichen zählten auffällig oft Literaten, Dichter, Künstler, überhaupt Kulturleute. Normalerweise konnten sie diesen Tätigkeiten nur nachgehen, wenn sie von Haus aus genug Geld hatten. Denn bezahlt wurde man für solche Arbeiten in der Regel nicht. Wer über keine finanziellen Ressourcen verfügte, musste hoffen, einen Mäzen zu finden. Einen Mäzen wie Maecenas – der Name des römischen Aristokraten mit etruskischen Wurzeln aus der Zeit des Augustus ist Programm: Er schrieb sich die Förderung dichterischer Talente auf die Fahnen. Allerdings nicht ganz ohne Gegenleistung: Maecenas war ein enger Freund des Kaisers Augustus (reg. 27 v. Chr. – 14 n. Chr.), und er erwartete von seinen im Pool geförderten Literaten, dass sie für den Herrscher immer mal wieder die politische Propagandatrommel rührten. Die Dichter dachten kurz nach … und entschieden sich dann, die Karriere höher anzusetzen als literarische Unabhängigkeit.

Einer der bekanntesten Autoren im prominent besetzten Stall des Maecenas war Horaz, der von 65 bis 8 v. Chr. und damit in jener politisch und kulturell bewegten Zeit lebte, als die alte Republik unterging und durch die Monarchie des Augustus ersetzt wurde. Er, mit vollem Namen Quintus Horatius Flaccus, verdankte seinen Eintritt in den illustren Kreis literarischer Koryphäen wiederum Vergil. Der Dichter der *Aeneis* nahm den um fünf Jahre jüngeren, noch völlig unbekannten und aus eher ärmlichen Verhältnissen stammenden Autor unter seine Fittiche. In einem seiner Werke (*Satire* 1,6) kokettiert Horaz mit seiner bescheidenen Herkunft:

> Die Armut machte mich kühn und verwegen, Verse zu schreiben.

27 Jahre war der angehende Dichter alt, als er vom großen Maecenas zum Vorstellungsgespräch geladen wurde. Horaz schildert das denkwürdige Treffen in der Rückschau in der Form einer direkten Ansprache an Maecenas (*Satire* 1,6,52–64), hier wieder in Prosa übersetzt:

> Als ich vor dir stehe, bringe ich stockend nur wenige Worte über die Lippen. [Maecenas lässt nicht erkennen, ob ihm der Bewerber gefällt:] Wie gewöhnlich fällt deine Antwort karg aus.

Lange Zeit, neun Monate, hörte er dann nichts mehr von dem potentiellen Förderer. Der stellungssuchende Dichter war erst am Zweifeln, dann am Verzweifeln. Offenbar hatte er seine Chance zum beruflichen Aufstieg, zur Erfüllung seiner Karriereträume verpasst. Doch dann, als er schon gar nicht mehr damit rechnete, kam die ersehnte Antwort auf seine Bewerbung:

> Du rufst mich nach neun Monaten zurück und lädst mich ein, einer von deinen Freunden zu sein.

Horaz hatte es geschafft. Frei von finanziellen Sorgen – der Mäzen zahlte regelmäßig und pünktlich – konnte sich der Dichter voll und ganz seiner literarischen Passion widmen (und nebenbei auch die Erwartung erfüllen, immer wieder ein paar freundliche Zeilen über den Maecenas-Freund Augustus einzuflechten).

Neben den materiellen Zuwendungen verschaffte der dankbare Maecenas ihm auch ein attraktives Landgut in den Sabiner Bergen, das von dem Dichter hochgeschätzte, heute in Resten noch zu besichtigende Sabinum am Monte Gennaro bei dem Ort Licenza. Dieses idyllische Plätzchen, fern der Großstadthektik, von eifrigen Bediensteten bewirtschaftet, war ideal zum literarischen Arbeiten, und Horaz überschlägt sich in seinen Gedichten auch immer wieder in Dankbarkeitsbezeugungen an den Mäzen:

> Meine Stütze und meine Freude im Leben.

Glücklich in ihrem Beruf waren zweifellos auch die griechischen Vasenmaler, die mit Liebe und Hingabe die gebrannten Tongefäße mit vielfältigen Motiven, meist aus der Mythologie, dekorierten. Stolz signierten sie ihre Werke mit

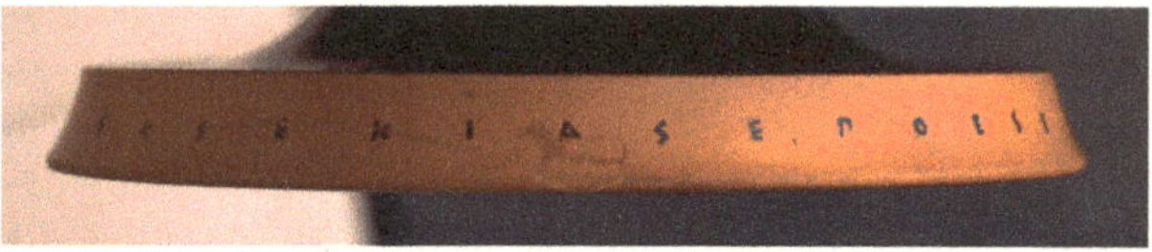

Künstlersignatur auf dem Fuß eines Tongefäßes: EXΣEKIAΣ EΠOEΣE, *Exekias epo(i)ese.* Um 530 v. Chr. München, Staatliche Antikensammlungen.

ihren Namen. *XY epoiese* – »XY hat (dieses Bild) gemacht« lautete bei griechischen Künstlern die sehr knappe, aber doch selbstbewusste Formel.

Zufrieden arbeiten unter den Augen des Vesuvs

Nur Literaten und Künstler hatten Freude an ihrem Job, fanden darin ihre Erfüllung? Nicht ganz. Vermutlich gehörte zu denen, denen ihr Beruf Spaß machte, ein gewisser Pudens. In den einschlägigen Lexika taucht sein Name nicht auf, er hat auch keinen Wikipedia-Eintrag – jedenfalls nicht jener Pudens, von dem hier die Rede ist. Hier geht es um einen Bewohner der Stadt Pompeji, die 79 n. Chr. durch den verheerenden Ausbruch des Vesuvs in Schutt und Asche versank. Davon ahnte Pudens nichts, als er in der reichen, lebendigen Stadt im Schatten des Vulkans seiner täglichen Arbeit nachging: Er verkaufte Kuchen.

Wie gut seine Geschäfte liefen, wissen wir nicht. Sicher gehörte Herr Pudens nicht zu den reichsten Männern in Pompeji. In der Stadt gab es mehr als 40 solcher Betriebe und sogar einige Großbäcker, die im Hof, hinter dem Verkaufsraum und dem Raum mit dem Backofen, über eigene Getreidemühlen verfügten. Der ungekrönte König der Bäcker von Pompeji war ohne Zweifel Popidius Priscus. In seinem Laden herrschte immer Hochbetrieb. Er besaß nicht weniger als vier hauseigene, von Eseln in Gang gesetzte Getreidemühlen, woraus sich unschwer erkennen lässt, wie eifrig er und sein Personal am Brotbacken waren. Bei ihm konnte man das Brot direkt kaufen, während viele seiner Kollegen gezielt die Tavernen und Gasthäuser belieferten. Also dürfen wir auch Popidius Priscus aus Pompeji zu jenen antiken Menschen zählen, die in ihrem Beruf die Erfüllung fanden.

Um auf den Kuchenverkäufer Pudens zurückzukommen: Er hatte das richtige Gespür für den besten Standort. Kuchen muss man, so eine goldene Verkaufsregel, dort anbieten, wo die maximale Chance besteht, dass viele Menschen vorbeikommen und den Wunsch verspüren, etwas Süßes zu verspeisen. Einen solchen Platz fand der fliegende Händler am Tempel des Gottes Apollo, der in Pompeji eine besondere Verehrung genoss und dessen Heiligtum demzufolge auch stark frequentiert war. Genauer: Der glückliche Verkaufsstratege platzierte sich in der Nähe des Südeingangs. Das muss ein guter Standort gewesen sein, der bei Kollegen möglicherweise Begehrlichkeiten weckte. Und so ging der Kuchenverkäufer auf Nummer Sicher und dokumentierte seine Ansprüche unmissverständlich, indem er in die Wand des Tempels die Worte eingravierte:

Pudens libarius hic – Hier ist der Kuchenverkäufer Pudens.

Das hört sich so bestimmt, so selbstbewusst an, dass kein Zweifel besteht: Pudens liebte offenbar seinen Job und verteidigte, wenn es darauf ankam, seinen Platz und seinen Kuchentisch mit Zähnen und Klauen gegen jedwedes Mobbing.

Aber durfte er überhaupt ohne Weiteres einen öffentlichen Platz für die Abwicklung seiner Geschäfte reklamieren? Schon die Antike kannte für Geschäftsleute bürokratische Daumenschrauben. Seinen Platz musste er bei den städtischen Instanzen beantragen und dafür sicher auch Miete bezahlen. Der Tempel war ein begehrter Ort. Andere Händler stationierten sich gerne am anderen Ende der Stadt, beim Amphitheater, das gut 20 000 Menschen fasste. Das dortige Publikum, das sich an blutigen Gladiatorenkämpfen erfreute, aß aber keinen Kuchen. Bessere Geschäfte machte man hier mit Getränken, denn die Zuschauer gingen bei den Darbietungen in der Arena lautstark mit. Drängten sich zu viele Anbieter an den Verkaufsständen unter den Arkaden der Arena, drohten chaotische Verhältnisse. Deswegen gab es auch hier die behördliche Auflage, dass man sich bei den zuständigen Magistraten anzumelden habe. Zu den Glücklichen, die von den zuständigen Beamten eine dieser begehrten Konzessionen am Amphitheater erhielten, gehörte ein gewisser Gnaeus Aninius Fortunatus. Stolz markierte er in einer Inschrift seinen Anspruch auf diesen Standort:

> Mit Genehmigung der Ädilen [also der zuständigen Marktaufsicht] hat Gnaeus Aninius Fortunatus den Platz besetzt.

Und was wurde aus Pudens? Wir kennen nur die Momentaufnahme aus jener Zeit, als er mit dem Graffito seinen Besitzanspruch auf den Kuchenverkaufsplatz markierte. Ob er so viel Geld machte, dass er sich einen eigenen Laden leisten konnte? Sogar eine eigene Bäckerei mit mehreren Angestellten? Verkaufte er weiter Kuchen am Apollotempel von Pompeji? Oder machte er etwas ganz anderes? Sicher ist nur, dass seine Karriere in Pompeji – wie die aller Menschen, die in Sichtweite des Vulkans lebten und arbeiteten – im Jahr 79 n. Chr. endete, als der verheerende Ausbruch des Vesuvs dem wuseligen Treiben ein schlagartiges Ende bereitete.

Traumberuf Haarausrupfer?

Wie es in einer römischen Therme zuging, hat der römische Schriftsteller und Philosoph Seneca anschaulich am Beispiel des Modebades und Prominenten-Kurortes Baiae am anderen Ende des Golfes von Neapel beschrieben (*Brief* 56). Er wusste es aus eigener Erfahrung, denn er wohnte in unmittelbarer Nachbarschaft. Da ist von dröhnendem Lärm und wildem Gekreische die Rede. Verursacher sind trainierende Athleten, Salber, deren Hände geräuschvoll auf die Schultern der Opfer klatschen, und Ballspieler, die laut ihre Ballberührungen mitzählen. Andere Leute genießen das Baden, indem sie laut singen, wiederum andere springen mit Schwung ins Becken und erfreuen sich – im Gegensatz zu den Mitbadenden – an dem tosenden Aufspritzen des Wassers. Dazu kommen die Stimmen der Wursthändler und der Kuchenverkäufer, die ihre Waren anpreisen.

Am meisten nervt den geplagten Seneca aber die Tätigkeit eines Thermenangestellten, dessen Beruf auf der nach oben hin offenen Liste der originellsten Tätigkeiten der Antike ganz ohne Zweifel einen Spitzenplatz einnimmt. Die lateinische Bezeichnung hört sich noch ziemlich harmlos an – *alipilus*. Die deutsche Übersetzung ist schon eher geeignet, Empfindungen der schmerzhaften Art hervorzurufen. Ein *alipilus* ist ein »Haarausrupfer«, ein Bediensteter, der zum Personal des Unternehmens Therme zählte und der die Aufgabe hatte, die Kundschaft von lästiger Körperbehaarung, vor allem in den Achselhöhlen, zu befreien. Seneca litt genauso wie der arme Patient, den er bei der Prozedur beobachtete:

> Dazu kommt die dünne, schrille Stimme eines Haarausrupfers, der immer laut schreien muss, um gehört zu werden, und der erst Ruhe gibt, wenn er einem die Achselhaare ausrupft, woraufhin dann der Gerupfte losschreit.

Faire Löhne

Erfüllung im Beruf – dazu gehört auf jeden Fall auch eine ordentliche Bezahlung (wenn schon die Arbeit an sich vielleicht nicht so viel Spaß macht). Ein einmaliges Dokument ist in dieser Hinsicht das so genannte Höchstpreisedikt des Kaisers Diokletian (reg. 284–305) aus dem Jahr 301. Angesichts chronischer Finanzkrisen und galoppierender Inflation legte der Herrscher darin für alle Waren und Dienstleistungen Maximaltarife fest. Auch für die vielen Berufe, die es im Römischen Reich gab. Der Text, auf diversen Inschriften teils fragmentarisch erhalten (S. Lauffer [Hrsg.], *Diokletians Preisedikt*, Berlin 1971), vermittelt somit einen anschaulichen Eindruck beruflicher Vielfalt im Imperium.

Die genannten Zahlen in der Währungseinheit Denare lassen sich kaum in moderne Währung umrechnen. Wichtig und aussagekräftig ist vielmehr die Relation der Lohn- und Gehaltszahlungen zueinander. Wer im Römischen Reich einer beruflichen Tätigkeit nachging, konnte in den vom Kaiser veröffentlichten Tabellen nun nachlesen, wie es um die Reputation seines professionellen Tuns bestellt war:

> Ein Tagelöhner auf dem Land mit Verpflegung: pro Tag 25 Denare; / ein Maurer mit Verpflegung: pro Tag 50 Denare; / ein Schreiner mit Verpflegung: pro Tag 50 Denare; / ein Zimmermann mit Verpflegung: pro Tag 50 Denare; / ein Kalkbrenner mit Verpflegung: pro Tag 50 Denare; ein Fliesenleger mit Verpflegung: pro Tag 60 Denare; / ein Mosaikarbeiter für Wände mit Verpflegung: pro Tag 60 Denare; / ein Mosaikarbeiter für Böden mit Verpflegung: pro Tag 50 Denare; / ein Anstreicher mit Verpflegung: pro Tag 75 Denare; / ein Stubenmaler mit Verpflegung: pro Tag 150 Denare; / ein Wagenbauer mit Verpflegung: pro Tag 50 Denare; / ein Schmied mit Verpflegung: pro Tag 50 Denare; / ein Bäcker mit Verpflegung: pro Tag 50 Denare; / ein Schiffszimmermann für Seeschiffe mit Verpflegung: pro Tag 60 Denare; / ein Schiffszimmermann für Flussschiffe mit Verpflegung: pro Tag 50 Denare; / ein Ziegelstreicher für die Herstellung von gebrannten Ziegeln, pro vier Ziegel von zwei Fuß Länge und bei Lieferung des Materials, mit Verpflegung: pro Tag 2 Denare; / ein Ziegelstreicher für die Herstellung von Luftziegeln, pro acht Ziegel und bei Lieferung des Materials mit Verpflegung: pro Tag 2 Denare; / ein Kamel-, Esel- und Maultiertreiber mit Verpflegung: pro Tag 25 Denare; / ein Schäfer mit Verpflegung: pro Tag 20 Denare; / ein Maultiertreiber mit Verpflegung: pro Tag 25 Denare; / ein Tierarzt für die Schur und Herrichtung der Hufe: pro Tier 6 Denare; / ein Tierarzt für einen Aderlass und Reinigung des Kopfes: pro Tier 20 Denare; / ein Friseur: pro

Kunde 2 Denare; / ein Schafscherer mit Verpflegung: pro Schaf 2 Denare; / Lohn eines Kupferschmiedes für Messing: pro Pfund 8 Denare; / ein Schreiber für je 100 Zeilen gewöhnlicher Schrift: 20 Denare; / ein Urkundenschreiber für das Aufsetzen einer Eingabe oder eines Schriftstücks von je 100 Zeilen: 10 Denare; / ein Schneider für das Zuschneiden und Fertigstellen eines Kapuzenmantels bester Qualität: 60 Denare; / ein Schneider [...] für einen Kapuzenmantel gewöhnlicher Qualität: 40 Denare; / ein Schneider [...] für einen größeren Kapuzenmantel: 25 Denare; / ein Schneider [...] für einen kleineren Kapuzenmantel: 20 Denare; / ein Kinderbegleiter: pro Schüler monatlich 50 Denare; / ein Lehrer für Lesen und Schreiben: pro Schüler monatlich 50 Denare; / ein Rechenlehrer: pro Schüler monatlich 75 Denare; / ein Stenographielehrer: pro Schüler monatlich 75 Denare; / ein Lehrer für Bücherschrift und alte Schrift: pro Schüler monatlich 50 Denare; / ein Sprachlehrer für Griechisch oder Latein und ein Geometrielehrer: pro Schüler monatlich 200 Denare; / ein Lehrer für Beredsamkeit oder ein Weisheitslehrer: pro Schüler monatlich 250 Denare; / ein Anwalt oder ein Jurist: für das Einreichen der Klage 250 Denare; / ein Anwalt oder ein Jurist: für einen Verhandlungstermin 1000 Denare; / ein Lehrer der Baukunst: pro Schüler monatlich 100 Denare; / ein Kleideraufbewahrer: pro Badbenutzer 2 Denare.

Ganz klar: Wer zu Beginn des 4. Jahrhunderts die berufliche Zukunft seiner Kinder plante, wird einige Energie investiert haben, sie von dem etwaigen Wunsch, Kleideraufbewahrer in einem öffentlichen Bad zu werden, abzubringen und sie stattdessen für den finanziell weitaus lukrativeren Anwaltsberuf zu begeistern. Und wer unbedingt Pädagoge werden wollte, sollte sich lieber mit Mathematik als mit Lesen und Schreiben beschäftigen. Jedenfalls dann, wenn man die Erfüllung im Beruf in einem ordentlichen Gehalt oder einem anständigen Lohn sah.

Übrigens war das Gesetz, das Kaiser Diokletian auf den Weg gebracht hatte, ein ziemlicher Fehlschlag. Der erste große Versuch, das staatliche Wirtschafts- und Finanzleben dadurch zu reglementieren, dass man für Dienstleistungen und Waren Höchstpreise festsetzte, funktionierte nicht, weil sich die Menschen nicht daran hielten und statt der intendierten Bekämpfung der Inflation der Schwarzmarkt blühte.

Kapitel 8
In der beruflichen Sackgasse

Erfolg im Beruf will eigentlich jeder. Doch nicht allen ist dieser Erfolg vergönnt. Die einen kommen einfach nicht vorwärts, die anderen haben überhaupt keine Arbeit. In beiden Fällen dominiert die Perspektivlosigkeit. Was bleibt? Resignation? Oder krempelt man die Ärmel hoch und versucht, es besser zu machen?

Die Arbeitslosigkeit war in den antiken Städten – bei den Griechen gleichermaßen wie bei den Römern – ein verbreitetes Phänomen. Schätzungen gehen von einer Quote von 25 Prozent aus: Das bedeutet, dass ein Viertel der erwachsenen Bevölkerung einer Stadt zur selben Zeit ohne Job war. Noch mehr, vielleicht bis zu 40 Prozent der urbanen Bevölkerung lebten unter dem Existenzminimum. Die Klagen darüber halten sich in den Quellen in Grenzen – erstens, weil die Betroffenen nicht zu den schreibenden Kreisen gehörten und nicht so sehr im Fokus der schreibenden (Ober-)Schichten standen, und zweitens, weil es keine ökonomischen Konzepte wie Vollbeschäftigung gab, anhand deren diese Zustände als anzuprangernde, beklagenswerte Missstände hätten begriffen werden können.

In der Zeit der späten Republik traf das Schicksal der Arbeitslosigkeit besonders viele Bauern. Über Jahrhunderte hinweg hatte der einfache, strebsame Bauer als Rückgrat der römischen Wirtschaft gegolten. Gut 80 bis 90 Prozent aller Menschen waren bis ins 2. Jahrhundert v. Chr. hinein in der Landwirtschaft beschäftigt gewesen, wo sie von Viehzucht und vom Anbau von Getreide lebten. Nach dem

Sieg über Hannibals Karthager im Zweiten Punischen Krieg war in Massen billiges Getreide nach Italien gekommen. Die einheimischen Bauern waren nun nicht mehr konkurrenzfähig. Wer Kapital hatte, wechselte auf den Anbau von Wein und Oliven. Kapital war nötig, weil sich die ersten Erträge erst nach Jahren einstellten. Doch die Lage spitzte sich zu. Die Römer bekamen die Rückwirkungen der Weltherrschaft zu spüren: Die Legionäre, meist Bauern, kämpften in aller Welt, waren oft mehrere Monate, sogar Jahre, weit von der Heimat im Einsatz, konnten die Felder nicht mehr bestellen und bildeten am Ende in der Hauptstadt das auf Almosen angewiesene Proletariat. Der Volkstribun Tiberius Gracchus fand für diesen Zustand gegen Ende des 2. Jahrhunderts v. Chr. drastische Worte – der Biograph Plutarch zitiert ihn mit den Sätzen (*Tiberius Gracchus* 9):

> Die wilden Tiere in Italien haben ihre Höhlen, und für jedes von ihnen gibt es eine Lagerstätte oder ein Refugium. Die Männer aber, die für Italien kämpfen und sterben, besitzen nichts als Luft und Licht. Ruhelos, ohne Haus und Heimat, ziehen sie mit Kindern und Frauen im Land umher. Die Militärs sagen die Unwahrheit, wenn sie in der Schlacht an ihre Soldaten appellieren, Gräber und Tempel gegen die Feinde zu verteidigen. Keiner von diesen bedauernswerten Römern besitzt einen väterlichen Altar, keiner ein Grab seiner Ahnen. Für Luxus und Reichtum anderer kämpfen und sterben sie. Herren der Welt heißen sie. In Wirklichkeit gehört ihnen aber kein Stückchen Land.

Auch in der Politik kann man in einer Sackgasse landen. Ein Beispiel ist der Römer Catilina. Er lebte und agierte im 1. Jahrhundert v. Chr., in der turbulenten Zeit der späten Republik, die nach heftigen Konflikten in der herrschenden Aristokratie und nach erbittert geführten Bürgerkriegen in die Alleinherrschaft des Augustus mündete. Catilina stammte aus einer alten patrizischen Familie, die allerdings auf der großen Bühne der Politik schon länger keine große Rolle mehr spielte. Wiederholt scheiterte er bei der Bewerbung um das Amt des Konsuls, des wichtigsten Postens im republikanischen Rom. Also musste er sein Ziel auf anderem Weg erreichen – mittels eines gewaltsamen Umsturzes, der als die »Catilinarische Verschwörung« in die Geschichte eingegangen ist. Dabei stützte er sich auf Adlige, die ähnlich erfolglos wie er selbst waren, und auf das städtische Proletariat der Arbeitslosen als politisch mobilisierbare Masse. Es war eine Koalition der Gescheiterten, bei der der Initiator Catilina auf einen Synergie-Effekt setzte (Sallust, *Die Catilinarische Verschwörung* 5.36–37):

> Lucius Catilina, aus vornehmer Familie, verfügte über große Kraft von Geist und Körper, hatte aber auch einen schlechten, bösartigen Charakter. Von Jugend an erfreute er sich an inneren Kriegen, Mord, Raub und bürgerlicher Uneinigkeit [...]. Sein triebhaftes Wesen wurde Tag für Tag angestachelt durch die desaströse Situation seiner Finanzen [...]. Eine Motivation boten zudem die korrupten Sitten des Volkes [...]. Zu dieser Zeit [...] befand sich das römische Reich in einem erschreckenden Zustand. Zwar gehorchte

alles diesem Reich, von Osten bis nach Westen, im Innern herrschten in Hülle und Fülle Frieden und Wohlstand, nach Meinung der Menschen die wichtigsten Dinge. Und doch gab es Bürger, die den Staat ins Verderben stürzen wollten [...]. Nicht nur diejenigen, die von der Verschwörung wussten, sondern das gesamte einfache Volk befürwortete den Umsturz und stand hinter den Plänen Catilinas. Dies tat es anscheinend deswegen, weil es seinem Charakter entsprach. In einem Staat blicken die, die nichts haben, immer neidisch auf diejenigen, die besser gestellt sind. Sie unterstützen die Revolutionäre, hassen alles Alte und sehnen sich nach Neuem, und sie streben, weil sie mit der eigenen Situation unzufrieden sind, nach einem allgemeinen Umschwung [...].

Die städtische Plebs war aus vielen Gründen begeistert: zuerst diejenigen, die überall durch schlechten Lebenswandel und Frechheit auffielen; dann die, die das väterliche Erbe verschwendet hatten; und schließlich diejenigen, die ein Verbrechen oder eine Untat aus der Heimat getrieben hatte: Sie alle waren in Rom wie in einer Kloake zusammengeströmt.

Viele von den Anhängern Catilinas, behauptet Sallust, hätten das lockere Großstadtleben der harten Arbeit auf dem Land vorgezogen:

Junge Leute, die sich auf dem Land durch ihrer Hände Arbeit mehr schlecht als recht durchschlugen, wählten, angelockt durch private und staatliche Zuwendungen, lieber den Müßiggang in der Großstadt als die undankbare Arbeit auf dem Feld.

Sallust ist, wie man unschwer erkennen kann, alles andere als objektiv. Catilina und seinen Leuten bringt er keinerlei Sympathien und auch keinerlei Verständnis entgegen. So freut er sich auch darüber, dass Catilina und seine Anhänger schließlich scheiterten. Der Anführer selbst und die meisten von ihnen kamen in den blutigen Auseinandersetzungen ums Leben. Sallust, selbsternannter Hüter von Ordnung und Moral, sieht in den Catilina-Leuten gescheiterte Existenzen, die keine Lust hatten zu arbeiten. Dass viele von ihnen Opfer der politischen und wirtschaftlichen Wandlungen der Zeit waren, übersieht er geflissentlich. Auf der anderen Seite ist es auch richtig, dass Menschen mit dem erklärten Ziel nach Rom kamen, sich von staatlicher oder privater Seite alimentieren zu lassen. Politiker gaben gerne Geld- oder Getreidespenden, um Popularität zu gewinnen und ihre Wahlchancen zu steigern. In Zeiten des Wahlkampfes konnte, wer nicht arbeiten wollte, gut von den generösen Geschenken der Kandidaten leben.

Die »Catilinarische Verschwörung« endete 63 v. Chr. Maßgeblich an der Niederschlagung beteiligt war Marcus Tullius Cicero, einer der beiden Konsuln jenes Jahres und im Nebenberuf eine der überragenden Geistesgrößen des spätrepublikanischen Rom. Er war das, was die Römer einen *homo novus* nannten, einen »neuen Mann«, der aus einer Familie stammte, in der es noch niemand zu einem der höheren Staatsämter gebracht hatte. Cicero investierte seinen ganzen Ehrgeiz in die Behebung dieses familiären Defizits an Reputation und Autorität. Das Konsulat von 63 v. Chr. war die Erfüllung seiner Wünsche. Danach versuchte er das politische Geschehen als »elder statesman« zu begleiten. Doch wurde er in dem sich anbahnenden Machtkampf der beiden Schwergewichte Caesar und Pompeius zerrieben. Zahlreiche Briefe legen Zeugnis ab von der Qual Ciceros, zu entscheiden, auf welche Seite er sich stellen sollte. Er entschied sich für Pompeius – was sich als falsch herausstellte. Ganz am Ende seines Lebens lief er noch einmal zu Hochform auf. Nach der Ermordung Caesars 44 v. Chr. kämpfte er für die Sache der Republik – und verlor erneut. Die Sieger setzten ihn auf die Fahndungsliste, in den folgenden Bürgerkriegen wurde er ermordet.

Theodor Mommsen hat über Cicero ein vernichtendes Urteil gefällt: Er sei »ein Mann ohne Einsicht, Ansicht und Absicht« gewesen – doch das war vielleicht nicht ganz gerecht, auch wenn es bis heute fest an dem Politiker haftet. Cicero schaffte es ebenso wenig wie seine späteren Apologeten, das Odium des beruflichen Verlierers abzuschütteln.

Drohende Privatinsolvenz

Für Leute wie Cicero war eine berufliche Sackgasse immerhin finanziell nicht existenzgefährdend – ganz anders als für viele Normalmenschen. Einfache Bauern etwa konnten ohne Darlehen nicht überleben, wie eine Urkunde aus dem Ägypten des Jahres 224 n. Chr. zeigt (H. Metzger, *Nachrichten aus dem Wüstensand*, Zürich/München 1974). Und bei der Rückzahlung kannten die Kreditgeber kein Pardon:

> Aurelius Horion Pennuphis, Sohn des Isarion, von Dikaiu Nesos, erklärt hiermit, von Mystes, dem Sohn des Sarapion, im Stadtteil Persias [x] Artaben Saatgut für Oliven erhalten zu

haben. Zurückgeben wird er ihm im Monat Payni des laufenden Jahres [...] Saatgut, und zwar von frischer Ernte, ohne Schmutz, unverfälscht, gewogen mit dem Ölpressermaß des Dorfes. Liefert er nicht termingerecht ab, wird er ihm den höchsten Marktpreis zahlen, der zu diesem Zeitpunkt für Olivensaatgut gilt. Andernfalls soll dem Mystes das Betreibungsrecht zustehen an der Person des Horion und an dessen Besitz, mit der gleichen Wirkung wie aufgrund einer Verurteilung. Horion hat sich mit diesen Bedingungen einverstanden erklärt. Horion, 28 Jahre alt, Narbe an der rechten Augenbraue.

Geschäftsschädigung!

Das Heiligtum der Artemis von Ephesos war eines der Sieben Weltwunder der Antike. Mit dem Verkauf von Nachbildungen der Göttin und Modellen ihres Tempels an Pilger und Touristen machten die Silberschmiede dort grandiose Geschäfte. Dann kam der christliche Apostel Paulus und stellte eine Lehre vor, die die Kunsthandwerker in Not brachte (*Apostelgeschichte* 19,23–40):

Etwa zur selben Zeit brachen in Ephesos schwere Unruhen aus wegen der neuen Lehre, die Paulus verkündete. In der Stadt lebte ein Silberschmied namens Demetrios, der Nachbildungen vom Tempel der griechischen Göttin Artemis herstellte. Nicht nur er selbst, sondern auch die anderen Kunsthandwerker in der Stadt verdienten sehr gut daran. Eines Tages rief Demetrios die Künstler und ihre Mitarbeiter zusammen und sagte:

»Ihr wisst ebenso gut wie ich, dass unser Wohlergehen von den Nachbildungen des Tempels abhängt. Wie ihr sicher schon gehört habt, behauptet nun dieser Paulus, von Menschen angefertigte Götter seien nichts wert. Damit verführt er nicht nur die Menschen hier in Ephesos, sondern in der ganzen (römischen) Provinz Asia. Und viele Leute glauben ihm schon. Aber es geht ja nicht nur darum, dass unsere Arbeit nicht mehr anerkannt wird. Auch der Tempel der wunderbaren Göttin Artemis, die man nicht nur hier, sondern in der ganzen Welt verehrt, wird seine Bedeutung verlieren, und sie wird in Vergessenheit geraten!« Voller Wut schrien die Zuhörer: »Groß ist die Artemis der Epheser!« Rasch war die Bevölkerung der ganzen Stadt auf den Beinen, und alle drängten ins Theater [...].

Da wollte auch Paulus zum Theater gehen, um dort dem Volk Rede und Antwort zu stehen, aber seine christlichen Begleiter hinderten ihn daran. Auch einige hohe Beamte der (römischen) Provinzverwaltung, die Paulus schätzten, ließen ihn durch Boten davor warnen, sich in der Öffentlichkeit zu zeigen.

Bei der Versammlung (im Theater) herrschte großes Chaos. Der eine schrie dies, der andere das, und die meisten wussten nicht einmal, warum sie sich überhaupt versammelt hatten. Die Juden (von Ephesos) schickten einen Mann namens Alexander auf die Bühne, und einige aus der Menge erläuterten ihm den Grund des Aufruhrs. Alexander sollte versichern, dass die Juden mit der Sache nichts zu tun hätten [...]. Als die Versammelten merkten, dass er Jude war, schrien sie zwei Stunden lang in Sprechchören: »Groß ist die Artemis der Epheser!« Schließlich gelang es einem der Spitzenbeamten der Stadt, die Menge zu beruhigen [...].

»Leute von Ephesos!«, rief er. »Es ist allgemein bekannt, dass unsere Stadt die Hüterin des Tempels der großen Artemis und die Hüterin ihres vom Himmel gefallenen Bildes ist. Das ist eine Tatsache, der keiner widersprechen wird. Deshalb bewahrt die Ruhe und tut nichts Unüberlegtes. Ihr habt diese Männer hierher geschleppt, obwohl sie weder den Tempel beraubt noch unsere Göttin beleidigt haben. Sollten Demetrios und die anderen Kunsthandwerker Anklagen gegen sie vorbringen wollen, so sind dafür ordentliche Gerichte und Behörden zuständig. Mögen sie ihren Streit dort austragen! Und wenn ihr noch andere Anliegen habt, die über die Anklage von Demetrios hinausgehen, dann müssen sie in einer ordentlichen Volksversammlung vorgebracht werden. Ich fürchte nämlich, dass uns die Römer sonst wegen dieses Aufruhrs zur Rechenschaft ziehen werden, und wir können wirklich keinen nachvollziehbaren Grund dafür nennen.« Und mit diesen Worten löste er die Versammlung auf.

Kapitel 9
Typische Frauenberufe?

Frauenarbeit in der Antike? »Haushalt und Kinder«, könnte eine vorschnelle Antwort lauten. Sicherlich ist sie auch nicht völlig verkehrt. Im Vergleich zu heute war das Spektrum beruflicher Tätigkeiten für Frauen sehr limitiert. Doch Frauen wurden auch im Arbeitsleben gebraucht – und manche machten sogar richtig Karriere. Dazu mussten sie allerdings zu den gesellschaftlichen Eliten gehören oder noch besser zu monarchischen Kreisen.

Frau von Welt

Aspasia war eine hoch aktive Frau. Sie mischte in der klassischen Zeit Griechenlands, dem 5. Jahrhundert v. Chr., munter im politischen, gesellschaftlichen und kulturellen Leben Athens mit. Männer, die das nicht ertragen konnten, versuchten, sie in ein schlechtes Licht zu setzen, überzogen sie mit Polemik. Ihre Macht und ihr Ansehen habe sie allein ihrer engen Beziehung zu Perikles, dem führenden Staatsmann im demokratischen Athen, zu verdanken gehabt. Ganz falsch! Eher fand Perikles eine unentbehrliche Stütze in Aspasia als umgekehrt (Plutarch, *Perikles* 24):

> Aspasia stammte aus Milet und war die Tochter eines Mannes namens Axiochos. [...] Viele meinen, Perikles habe Aspasia nur wegen ihrer Klugheit und ihres politischen Intellekts umgarnt. Sogar Sokrates stattete ihr mit seinen Schü-

lern Besuche ab, und ihre Freunde brachten häufig ihre eigenen Ehefrauen mit, damit sie ihr zuhören konnten. Sie taten dies, obwohl Aspasia ein durchaus nicht ehrbares oder anständiges Gewerbe betrieb: Sie hielt in ihrem Haus nämlich Hetären [Frauen, die sich bei Gelagen professionell um die männlichen Gäste kümmerten; bei solchen Anlässen traten auch Tänzerinnen und Musikerinnen auf]. (Der Dichter) Aischines berichtet, der Viehhändler Lysikles, ein Mann ohne jedes intellektuelle Format, habe es zu einer der führenden Persönlichkeiten in Athen gebracht, weil er nach dem Tod des Perikles mit Aspasia zusammenlebte. [...] Doch war es echte Liebe, was Perikles zu Aspasia hinzog [...]. Aspasia soll so prominent gewesen sein, ihr Ruhm so weit gereicht haben, dass Kyros, der mit dem (persischen) Großkönig um den Thron der Perser stritt, seine liebste Bettgenossin Aspasia nannte, obwohl sie eigentlich Milto hieß.

Aspasia hatte immer ein gutes Auskommen. Über ihre Zukunft musste sie, die in den oberen Kreisen der Gesellschaft Athens verkehrte, sich keine Sorgen machen – anders als viele andere Frauen im antiken Griechenland.

Kränze binden

Der Komödiendichter Aristophanes aus Athen hat im 5. Jahrhundert v. Chr. einer dieser Frauen ein künstlerisches Denkmal gesetzt. In seinem Stück *Frauen am Thesmophorienfest* (die Thesmophorien wurden im Herbst zu Ehren der Fruchtbarkeitsgöttin Demeter und der Unterweltsgöttin Persephone gefeiert) lässt er eine Kranzflechterin auftreten. Weil bei solchen Festen Kränze sehr begehrt waren, hatte das Geschäft der Kranzflechterin in diesen Tagen Hochkonjunktur. Und doch hatte sie so ihre Probleme – hier die Verse 446–458 in Prosa übersetzt:

> In Zypern starb mein Mann und hinterließ mir fünf Kinder. Die brachte ich mühsam durch mit Kranzflechten auf dem Myrtenmarkt. So ernährte ich mich, wenn auch kärglich.

Die Komödie als solche ist eine Persiflage auf die Dramen des Euripides, dem die Frauen in dem Stück frauen- und götterfeindliches Verhalten vorwerfen:

> Jetzt aber macht dieser Mensch mit seinen Trauerspielen den Männern vor, es gebe gar keine Götter, und bringt uns auf diese Weise um die Hälfte unserer Kundschaft. [...] Jetzt muss ich aber auf den Markt! Für zwanzig Herren habe ich noch bestellte Kränze zu liefern.

Frauen in Spitzenpositionen

Im kaiserzeitlichen Rom hatten die Ehefrauen der Imperatoren mal mehr, mal weniger Einfluss – je nach Temperament, aber auch nach den Möglichkeiten institutioneller Verankerung. »Die Kaiserin« gab es als Berufsbild nicht. Doch wurde es bereits mit dem ersten Kaiser Augustus (reg. 27 v. Chr. – 14 n. Chr.) üblich, den kaiserlichen Gemahlinnen den Ehrentitel »Augusta« zu verleihen.

Noch weniger als das Berufsbild »Kaiserin« gab es den offiziellen Job einer »Kaisermutter«. Und doch gab es eine ganze Reihe von Frauen, die erheblichen Einfluss auf die Politik ihrer Söhne nahmen, in einer Weise, dass manche Zeitgenossen den Eindruck hatten, sie seien die wahren Herrscher:

Livia & Tiberius

Livia, aus einer altehrwürdigen Adelsfamilie stammend, war die (zweite) Frau des ersten Kaisers Augustus. Sie wurde 87 Jahre alt und setzte, was die Karrieremöglichkeiten von Frauen aus den sozialen Eliten anging, Maßstäbe. Die Hochzeit fand statt, als sie knapp 20 Jahre alt war – obwohl sie bereits verheiratet war, ein Kind hatte und wieder schwanger war. Augustus war zu diesem Zeitpunkt (38 v. Chr.) noch nicht der große Kaiser Augustus, sondern der aufstrebende Bürgerkrieger Octavian, der um die Macht im Staat kämpfte. Dass er bald der erste Mann in Rom sein würde, war zum Zeitpunkt der Eheschließung noch nicht absehbar. War es also Liebe und nicht Kalkül, was die verheiratete junge Mutter Livia veranlasste, den jungen Revolutionär zu heiraten? Sueton berichtet (*Augustus* 62,2):

> Unmittelbar danach [nach der Trennung von seiner zweiten Frau Scribonia] nahm er [Octavian] Livia Drusilla ihrem Gatten Tiberius Nero weg, als sie bereits schwanger war. Er liebte und schätzte sie auf eine einzigartige Weise und mit dauerhafter Treue.

Tacitus hält sich bezüglich der Motivation Livias, sich auf diese Ehe einzulassen, sibyllinisch zurück (*Annalen* 5,2):

Dann nahm Augustus, durch ihre Schönheit entflammt, sie ihrem Gatten weg. Es ist nicht klar, ob dies gegen ihren Willen geschah. Jedenfalls hatte er es so eilig, dass er nicht einmal die Zeit bis zur Geburt abwartete, sondern sie in schwangerem Zustand in sein Haus führte.

... um ihr sodann einen teils positiven, teils aber auch skeptischen Nachruf nachzusenden:

In ihrem keuschen Lebenswandel hielt sie sich an die strengen Sitten früherer Zeiten. Doch war sie umgänglicher, als es die Frauen der alten Zeit akzeptiert hätten. In ihrer Mutterliebe war sie zu ungestüm, als Ehefrau nachsichtig und stets im Einklang mit den Intrigen des Gatten und der Verstellung des Sohnes.

Nach dem Tod des Augustus 14 n. Chr. wurde Tiberius sein Nachfolger. Er war der erste Sohn aus der früheren Ehe Livias. Bereits 55 Jahre alt, freute er sich, endlich die Schalthebel der Macht bedienen zu dürfen. Doch seine Mutter, ehrgeiziger und machtbewusster denn je, mischte in der Politik eifrig mit und sorgte bei ihrem Sohn für erhebliches Potential an Frustration. Kein Wunder, dass sich seine Sympathien für die umtriebige Mutter in engen Grenzen hielten (Tacitus, *Annalen* 50,2):

Seine Mutter Livia mochte er nicht, da sie, wie es heißt, mehr Macht einforderte, als ihr zustand. Er vermied es, ihr zu begegnen, und verzichtete auf vertrauliche Gespräche, um nicht den Anschein zu erwecken, er würde sich nach ihren Ratschlägen richten, auch wenn er sie manchmal benötigte und sie befolgte.

Und er ärgerte sich, wie Sueton weiter berichtet, darüber, dass der Senat beschloss, ihn nicht nur als »Sohn des Augustus«, sondern auch als »Sohn der Livia« zu titulieren. Der Kaiser stellte sich quer, als die Senatoren Livia mit außergewöhnlichen Ehrungen versehen wollten. Und er soll sie immer wieder ermahnt haben, sich aus der Politik und »Angelegenheiten, in denen Frauen nichts zu suchen hatten«, herauszuhalten. Doch Livia zeigte sich unbeeindruckt, kümmerte sich weiter um alles. Als die dominante, aktive, rührige Mutter 29 n. Chr. starb, war Tiberius über 70 Jahre alt. Bei ihrer Bestattung glänzte er durch Abwesenheit.

Agrippina & Nero

Livia hatte mit ihrer aktiven Teilnahme Maßstäbe für das sich ausbildende Berufsprofil »Kaisermutter« gesetzt. Spätere Ehefrauen von Kaisern nahmen sich ihre Rolle zum Vorbild – mal mehr, mal weniger glücklich. In die letzte Kategorie fällt, trotz anfänglicher Erfolge, Agrippina, die Mutter des Kaisers Nero (reg. 54–68). Ihr beruflicher Weg jenseits sozialer Tiefen war bereits dadurch vorgezeichnet, dass sie prominente Eltern hatte. Sie war mit dem großen Augustus verwandt. Im Jahr 28, kurz vor dem Tod der Livia, heiratete Agrippina einen Senator. Aus dieser Ehe ging der spätere Kaiser Nero hervor.

Was ihre weitere Karriere angeht, werden die antiken Quellen nicht müde, ihre Skrupellosigkeit zu geißeln. Man kann es auch positiver ausdrücken: Agrippinas »Untaten« waren die konsequente Wahrnehmung »beruflicher« Möglichkeiten, die sich einer Frau aus den oberen Kreisen mit direkter Nähe zum Kaiserhaus eröffneten. So zieren ihre Vita Scheidung, Verbannung, neue Heirat und noch eine Heirat. Der letzte Ehemann war in der Person des Kaisers Claudius (reg. 41–54) der prominenteste Kandidat (Sueton, *Claudius* 26,3):

> Agrippina, die Tochter seines Bruders Germanicus, machte sich ihn durch ihre Reize gefügig, und sie durfte ihn ganz spontan küssen [...]. So ergab es sich, dass er in der nächsten Sitzung des Senats Leute anstiftete, ihn zu beauftragen, diese Frau zu heiraten, da eine solche Ehe für den Staat von größter Bedeutung sei.

Für den Bruder von Agrippinas Vater Germanicus handelte es sich um die vierte und, wie sich zeigen sollte, letzte Ehe seines Lebens. Sie endete jedoch anders, als er es sich erhofft haben dürfte: Claudius starb 54 n. Chr. nach dem Genuss eines Pilzgerichtes. In der heftig brodelnden römischen Gerüchteküche wurde Agrippina als Täterin gehandelt. Sie habe den Gatten vergiftet oder vergiften lassen, hieß es, um ihren 17-jährigen Sohn Nero an die Macht zu bringen. Ob sie wirklich ihren Gatten ermordet hat, um die Karriere des Sohnes zu beschleunigen, lässt sich nicht beweisen. Aber klar ist: Agrippina war die treibende Kraft hinter dem Projekt Nero. Und sie nahm, als er auf dem Thron saß, immer wieder Einfluss auf die Politik – in einer Weise, die den zunehmend exzentrischer agierenden Herrscher ähnlich störte wie Livias Gebaren den Tiberius. Doch wählte Nero eine andere Lösung als dieser, der geduldig auf den natürlichen Tod der Mutter gewartet hatte (Tacitus, *Annalen* 14,3):

> Er fand sie nur noch lästig, wo immer sie sich aufhielt, und beschloss, sie zu töten. Dabei war nur die Frage, ob er sie durch Gift, mit dem Schwert oder auf eine andere gewaltsame Art beseitigen sollte.

Nachdem ein fingiertes Bootsunglück gescheitert war, ließ Nero seine Mutter von gedungenen Mördern in ihrem Schlafzimmer umbringen.

War ihr Schicksal für folgende Kaisermütter ein Wink, sich politisch mehr zurückzuhalten und sich auf den repräsentativen Teil ihrer beruflichen Aktivitäten zu beschränken? Neue Livias und Agrippinas waren in der Folgezeit tatsächlich rarer gesät. Doch manche interpretierten ihre professionelle Rolle offensiver als andere. So etwa Iulia Domna, die Ehefrau des Kaisers Septimius Severus (reg. 193–211) und Mutter der Kaiser Caracalla (reg. 211–217) und Geta (reg. 211). Sie stammte aus Syrien, einer Region, wo Frauen schon immer mehr in der Politik mitgemischt hatten. Mit diesem Traditionsgen ausgestattet, machte Iulia Domna an der Seite ihres aus Libyen stammenden Gatten Septimius Severus Politik – und zwar so erfolgreich, dass sie mit dem Titel *Pia Felix Mater Augusti et Senatus et Patriae*, »fromme und glückliche Mutter des Augustus und des Senats und des Vaterlandes«, geehrt wurde. Auf Feldzügen, die der Kaiser durchführte, war sie stets dabei, was ihr einen weiteren Ehrennamen einbrachte: *mater castrorum* – »die Mutter des Feldlagers«. Sie engagierte sich auch in der Wissenschaftspolitik und sorgte dafür, dass ein bekannter, wenngleich umstrittener Rhetor namens Philiskos einen Lehrstuhl in Athen erhielt.

Frau berufstätig, Mann zu Haus

Herodot (*Historien* 2,35) im 5. Jahrhundert v. Chr. über die Verhältnisse in Ägypten:

> Jetzt werde ich ausführlicher über Ägypten berichten, bietet das Land doch mehr Merkwürdigkeiten als jedes andere [...]. Die Ägypter haben sich in nahezu allen Bereichen Sitten und Gebräuche zugelegt, die denen der übrigen Menschheit geradezu diametral entgegengesetzt sind. So gehen bei ihnen die Frauen auf den Markt und treiben Handel, während die Männer zu Hause bleiben und weben [...]. Lasten tragen die Männer auf den Köpfen, die Frauen auf den Schultern [...]. Keine Frau ist als Priesterin tätig, weder bei einem Gott noch bei einer Göttin, sondern nur Männer, und dies bei allen Göttern und Göttinnen.

Hat der berühmte Historiker recht? Arbeiteten in Ägypten die Frauen, während die Männer das Haus hüteten? Skepsis ist angebracht. Die Ägypter galten den Griechen als exotisches Volk mit lauter »Merkwürdigkeiten«, wie der Autor sagt. Um diese Einschätzung zu unterstreichen, schrieben sie ihnen alle möglichen aus ihrer Sicht ungewöhnlichen Eigenschaften zu – so auch die komplette Umverteilung der Rollen von Männern und Frauen. Die Griechen amüsierten sich über solche Erzählungen. Ob sie sie glaubten, steht auf einem anderen Blatt. Jedenfalls zementierten Geschichten dieser Art das fest gefügte Bild der bei den Griechen gewohnten Praxis: Die Männer gehen zur Arbeit, die Frauen bleiben im Haus.

Die Realität spiegeln nicht gestylte literarische Texte,

sondern Urkunden wider, wie sie aus dem griechischen und römischen Ägypten in Mengen bekannt sind. In einem Vertrag aus dem Jahr 13 v. Chr. – Ägypten stand zu dieser Zeit erst seit wenigen Jahren unter der Herrschaft der Römer – verpflichtet sich eine Amme, die Kinder von Sklaven zu versorgen (*Berliner Griechische Urkunden* IV 1107):

> ... indem sie regelmäßig und pünktlich für die restlichen Monate das Pflegegeld erhält, hat sie die ihr selbst und dem Kind zukommende Pflege zu besorgen. Sie darf nicht die Milch vertreiben, keinen Verkehr mit einem Mann haben, nicht wieder schwanger werden und sich nicht zusätzlich um ein anderes Kind kümmern.

Stellenausschreibung

Frauen, die sich im Beruf bewährten, hatten die Chance, aus der Sackgasse herauszukommen. 105 n. Chr. erhält die Amme Thermution einen Brief von ihrer Schwester, in dem ihr die Stelle als Pflegemutter für ein frei geborenes Kind angeboten wird (*Papyrus Michigan* 3,202). Sie wird nicht gezögert haben, die Tätigkeit in der individuellen Kita anzunehmen:

> Was das Kind der Thermutas angeht, so nimm es und ziehe es auf. Du wirst glücklich sein, wenn du es tust. Beiden Familien wirst du Freude bereiten und einen Gefallen erweisen. Nimm als Lohn einstweilen 5 Statere. Wenn du bereit bist, das Kind zu betreuen, wirst du ein höheres Gehalt bekommen, da es ja frei geboren ist. Und du wirst selbst deine

Freude daran haben und aufgenommen werden wie eine Tochter, wenn du es tust. Komm mit dem Schiff herunter, um dann mit uns und mit dem Kind wieder hinaufzufahren. Lass dir von meiner Mutter 5 Statere geben, wenn du herunterkommst, damit wir zurückfahren können, und nimm auch sonst, was du willst. Ich bitte dich noch einmal: Komm herunter, damit du dein Glück findest. Denn ein Kind, das frei geboren ist, ist die eine, ein Sklavenkind die andere Sache.

Traditionelle Rollenverteilung

Im 1. Jahrhundert n. Chr. teilt der römische Agrarschriftsteller Columella mit, wie er die Rollen von arbeitenden Männern und Frauen sieht (*Vom Landleben*, praefatio 12,4):

> Mit Fug und Recht ist die Frau dazu geschaffen, im Haus ordnend zu walten, während der Mann sich auf dem Markt und in der Fremde herumtreibt. Ihn haben die Götter dazu bestimmt, Hitze und Kälte zu ertragen, Märsche und Mühen auf sich zu nehmen in Krieg und Frieden, in der Landwirtschaft und beim Militär. Der Frau hingegen haben sie all diese Fähigkeiten vorenthalten und ihr stattdessen die Sorge für die häuslichen Angelegenheiten zugewiesen.

Auf der Hitliste der häuslichen Tätigkeiten von Frauen steht Spinnen und Weben ganz oben. Die frühe griechische Musterfrau Penelope, Gattin des Trojafahrers und Abenteurers wider Willen Odysseus, hält sich die sie umgarnenden Freier vom Leib, indem sie vorgibt, erst einmal ein Totentuch für Laertes, den Vater des abwesenden Odysseus, fertigstellen zu müssen. Dabei verfällt sie auf den Trick, das, was sie am Tag gewebt hat, in der Nacht wieder aufzutrennen (Homer, *Odyssee* 2, 94–105, Prosaübersetzung):

> In der Kammer zog sie sich am Webstuhl ein Gewebe auf, fein und über die Maßen groß, und sagte zu uns daraufhin: Junge Männer, die ihr mich heiraten wollt, weil er starb, der edle Odysseus, dringt auf meine Vermählung nicht eher, bis ich den Mantel fertiggestellt [...], der dem Helden Laertes als Leichengewand bestimmt ist, wenn ihn die Stunde des lang hinstreckenden Todes ereilt [...]. Also sprach sie mit List und berührte unsere Herzen. Und nun webte sie am Tag am großen Gewebe, doch in der Nacht trennte sie es auf beim Schein der Fackeln.

Spinnen und Weben taucht als empfohlenes häusliches Betätigungsfeld der Frau auch bei dem griechischen Autor Xenophon auf, der lange nach Homer, im 4. Jahrhundert v. Chr., in seiner Schrift *Oikonomikos* (*Über die Hauswirtschaft*) den Katalog frauengemäßer Beschäftigungen um die Kindererziehung, die Zubereitung der Nahrung sowie die Überwachung der häuslichen Finanzen erweitert. Eine willkommene Ablenkung vom täglichen Einerlei im Haus bot der häufig auf Vasenbildern thematisierte Gang zum öffentlichen Brunnen – ein Vorgang von hoher sozialer Bedeutung, denn hier konnten sich die Frauen mit anderen Frauen austauschen.

Bei Sklavinnen regelten Arbeitsverträge die Ausbildung zur Weberin. In einem Fall aus Ägypten war sie auf vier Jahre angesetzt. Auch Urlaubstage waren Gegenstand des Vertrages (*Papyrus Oxyrhynchus* 1647):

> Die junge Frau soll in jedem Jahr aus Anlass der Feste 18 arbeitsfreie Tage erhalten. Wenn sie aber an irgendwelchen Tagen die Arbeit liegen lässt oder krank ist, soll sie nach Ablauf der Lehrzeit ebenso viele Tage bei dem Lehrmeister bleiben.

Konstant hielt Spinnen und Weben Spitzenplätze bei der Frauenarbeit, so auch noch in der römischen Kaiserzeit. Sueton berichtet über Kaiser Augustus (reg. 27 v. Chr. – 14 n. Chr.; *Augustus* 64):

> Seine Tochter und seine Enkelinnen erzog er so, dass er sie auch mit dem Spinnen von Wolle vertraut machte und sie aufforderte, nichts zu sagen und nichts zu tun, was geeignet gewesen wäre, in die Öffentlichkeit zu gelangen oder in die Hofnachrichten Eingang zu finden.

Demut und Bescheidenheit statt Glamour? Dass ausgerechnet seine eigene Tochter Iulia eklatant gegen diese Vorgabe verstieß, immer wieder Affären hatte und zum festen Bestandteil der stadtrömischen Partyszene gehörte, schmerzte den sittenstrengen Kaiser sehr – auch, weil seine Enkelin, die ebenfalls Iulia hieß, der Mutter nacheiferte (Sueton, *Augustus* 65,1):

> Die Tochter Iulia und die Enkelin Iulia schickte er in die Verbannung, weil sie sich mit allen möglichen Schandtaten besudelt hatten.

Immerhin traten die beiden nicht in der Arena als Gladiatorinnen auf, was laut Tacitus (*Annalen* 15,32) in der Zeit des Kaisers Nero (reg. 54–68) zum Zeitvertreib von Frauen aus der Oberschicht gehörte:

> Die Gladiatorenspiele, die in diesem Jahr veranstaltet wurden, waren ebenso prächtig wie die in früheren Zeiten. Doch war die Zahl der Frauen aus besseren Kreisen und der Senatoren, die sich durch dieses öffentliche Auftreten entehrten, noch größer.

Konservative, traditionsbewusste Kreise waren angesichts solcher Betätigungen schockiert und dachten mit Wehmut an die (vermeintlich) »guten alten Zeiten«, als die Frauen, mit der Primärtugend »keusch« versehen, brav ihre klassische Rolle Mütter und Hausfrauen gespielt hatten.

Eine Grabinschrift aus Rom/Trastevere aus der Zeit der Republik ehrt eine Frau namens Claudia (*Corpus Inscriptionum Latinarum* I^2 1211):

> Ihren Gatten hat sie von ganzem Herzen geliebt. Zwei Kinder brachte sie zur Welt. Von diesen hat sie das eine auf Erden zurückgelassen, das andere unter dem Gras beigesetzt. Leicht war ihr die Rede, grazil der Gang. Das Haus hat sie gepflegt und Wolle hergestellt.

Traditionalisten erfreuten sich auch an Grabtexten wie diesem (*Carmina Latina Epigraphica* 237):

> Hier liegt Amymone, die Frau des Marcus, die Beste und Schönste, sie spann Wolle, war züchtig, brav, rein und häuslich.

»Frauen bleiben im Haus«, lautete das Dogma. Doch es gab eine ganze Reihe von Ausnahmen.

Ehrenamt

Frauen aus der Oberschicht wie die Augustus-Tochter Iulia verließen das Haus, weil sie Spaß haben wollten. Ganz anders die Vestalinnen. Sie stammten meistens aus den Kreisen der oberen Zehntausend und gingen einem sehr ehrbaren, allseits respektierten Beruf mit besonderen Anforderungen und besonderer Verantwortung nach: als Priesterinnen der altehrwürdigen Göttin Vesta. Ihre Aufgabe bestand darin, im Tempel der Vesta auf dem Forum Romanum das heilige Feuer zu hüten, von dem nach religiöser Überlieferung der Römer das Wohlergehen der Stadt abhing. Wer das Amt bekleiden wollte, musste strenge Voraussetzungen und Bedingungen erfüllen:

- Die Frauen mussten aus vornehmen, patrizischen Familien kommen.
- Sie traten ihr Amt im Alter zwischen sechs und zehn Jahren an.
- Sie durften keine körperlichen Mängel aufweisen.
- Beide Eltern mussten noch am Leben sein.
- Die Eltern durften kein »ehrloses Gewerbe« betreiben.
- Die Anwärterinnen mussten ihr Haar opfern und es an einen Lorbeerbaum hängen.

Die Vestalinnen waren lebenslänglich im Amt. Sie waren zu sexueller Enthaltsamkeit verpflichtet. Verfehlungen in dieser Hinsicht wurden mit dem Tod bestraft. Ging das Feuer aus, wurden sie auf Veranlassung des Pontifex Maximus ausgepeitscht. Angesichts dieser rigiden Bestimmungen könnte man erwarten, dass die Bewerberinnen nicht gerade Schlange standen. Auf der anderen Seite war das Amt so respektiert, dass Eltern ihre Töchter gerne der Göttin Vesta anvertrauten.

Aulus Gellius (*Attische Nächte* 1,12) überliefert die Worte, mit denen der Pontifex Maximus, der oberste Priester, die Vestalinnen in ihr Amt einführte:

> Dich, Amata, ergreife ich als vestalische Priesterin, welche die heiligen Handlungen ausführen soll, wie sie die Vestalin nach Recht und Gesetz zum Wohle des römischen Volkes und der Bürger ausführen soll.

Arbeiten, um zu überleben

Frauen aus den Unterschichten verließen das Haus, weil sie Geld verdienen mussten. Sie konnten es sich nicht leisten, zu Hause zu bleiben, zu kochen, zu weben, die Kinder zu erziehen und den Gang zum Brunnen als Höhepunkt des gesellschaftlichen Lebens anzusehen.

Solche Frauen waren als Tagelöhnerinnen in der Landwirtschaft tätig. Manche brachten es bei den Römern sogar zu dem Posten einer *vilica*, dem femininen Pendant zum *vilicus*, dem meist unfreien Verwalter eines Gutes. Frauen arbeiteten als Ammen, Erzieherinnen und Ärztinnen, häufig im rechtlichen Status von Sklavinnen oder Freigelassenen.

Irgendwann im 1. Jahrhundert v. Chr. übernachtete ein Mann mit dem vielversprechenden Namen Lucius Calidius Eroticus in einem Gasthaus in Mittelitalien. Am nächsten Morgen beglich er vor seiner Abreise mit dem Wirt die Rechnung. Dabei entwickelte sich der folgende Dialog (*Corpus Inscriptionum Latinarum* 9,2689):

»Wirt, lass uns die Rechnung machen.«
»Du hattest zwei Viertel Wein und Brot - macht ein As. Eine Mahlzeit - zwei Asse.«
»Das ist in Ordnung.«
»Ein Mädchen - acht Asse.«
»Auch das ist in Ordnung.«
»Heu für das Maultier - zwei Asse.«
»Dieser Maulesel wird mich noch ruinieren!«

Dieser Wortwechsel ist auf einem Grabstein dokumentiert, den Lucius Calidius Eroticus für sich und seine Frau Fannia Voluptas, wie in der Antike üblich noch zu Lebzeiten, aufstellen ließ. Auf dem Stein – er gehört heute zu den Beständen des Pariser Louvre – befindet sich auch eine bildliche Darstellung, die diese Szene visuell zeigt. Die im Text angesprochene Prostitution – auch sie ein Arbeitsbereich für Frauen – war bei Griechen und Römern ein allgemein akzeptiertes Phänomen. Selbst die Moralapostel fanden an ihr wenig auszusetzen. In Griechenland genossen die Hetären als Edelprostituierte bei Banketts eine hohe Beliebtheit bei den höheren Schichten. Bordelle wie das Lupinar in Pompeji konnten sich über mangelnden Zuspruch nicht beklagen. Noch heute gehört es bei den Besuchern der Stadt unter dem Vesuv zu den größten Attraktionen.

Relief und Inschrift auf dem Grabstein des Lucius Calidius Eroticus. Aesernia, 1. Jahrhundert v. Chr. Paris, Louvre.

Kapitel 10
Sklavenarbeit

Die aus der Mode gekommene marxistische Geschichtsforschung wusste genau, wie Geschichte funktioniert – nach einem Muster, das nicht den Tatsachen, sondern ihrer eigenen Ideologie entsprach. So fungierte die Antike in diesem Schema als »Sklavenhalter-Gesellschaft«. Nun war die Sklaverei zweifelsfrei ein Signum der antiken Arbeitswelt, doch eben nur ein Signum und nicht einmal der dominierende arbeitstechnische Faktor. Überdies war Sklaverei nicht in jedem Fall gleich Sklaverei. Vielmehr verbargen sich dahinter die unterschiedlichsten Berufe und Lebenssituationen.

Crassus, der schwerreiche Römer des 1. Jahrhunderts v. Chr., behandelte, wie der Biograph Plutarch behauptet, seine Sklaven extrem (*Crassus* 2):

> Er besaß eine große Anzahl (Sklaven) von hoher Qualität: Vorleser, Schreiber, Münzhersteller, Hausverwalter, Tafelbedienstete. Er kümmerte sich um ihre Ausbildung, behielt sie immer im Auge, instruierte sie höchstpersönlich und vertrat überhaupt die Ansicht, die erste Pflicht des Hausherrn sei die Sorge für die Sklaven als die lebendigen Instrumente der Haushaltsführung.

Auf einer Sklavenkette, die am Hals eines Skeletts gefunden wurde, steht (*Corpus Inscriptionum Latinarum* 15,7182):

> Wer mich fängt, soll mich meinem Besitzer Apronianus zurückgeben, Beamter im kaiserlichen Palast, beim Goldenen

Tuch [*mappa aurea*] auf dem Aventin [in Rom], denn ich bin ein entlaufener Sklave.

Unter schwierigsten Bedingungen mussten Sklaven in den Bergwerken arbeiten. Dieses Schicksal erlitten häufig Kriegsgefangene wie die athenischen Soldaten nach der 413 v. Chr. im Peloponnesischen Krieg gescheiterten Expedition nach Sizilien (Plutarch, *Nikias* 29,1):

Von den Athenern kamen die meisten in den Steinbrüchen durch Krankheiten und schlechte Ernährung ums Leben. Sie bekamen pro Tag nur einen halben Liter Gerste und einen knappen Viertelliter Wasser. Viele von ihnen wurden heimlich weggeschafft oder als Sklaven verkauft. Man verkaufte sie, indem man ihnen ein Pferd auf die Stirn tätowierte.

Noch drastischer schildert Thukydides (7,87) die Verhältnisse:

Die in den Steinbrüchen Gefangenen wurden von den Syrakusanern ohne Rücksicht behandelt. In stickigen und engen Räumen litten viele, weil es keinen Schatten gab, unter der Sonne und der Hitze. Als die kalten Herbstnächte folgten, mit ihrer plötzlichen Veränderung des Wetters, die Krankheiten ausbrechen ließen, und weil sie wegen der beengten Verhältnisse alles am selben Ort taten und zudem die Toten hier übereinandergeschichtet waren [...], war der Gestank unerträglich, und sie wurden von Hunger und Durst gequält – gaben sie doch jedem von ihnen über acht Monate hinweg nur ein Maß Wasser und zwei Brote. Von allen Leiden, denen Menschen an einem solchen Ort ausgesetzt sind, gab es keines, das sie nicht erdulden mussten. Etwa 70 Tage lang fristeten sie auf diese Weise ihr Dasein. Dann wurden alle mit Ausnahme der Athener und derjenigen, die von Sizilien und Italien aus am Feldzug teilgenommen hatten, verkauft.

Bürokratie pur

In einem Bergwerksgesetz wurde im 2. Jahrhundert n. Chr. in Vipasca (im heutigen Portugal) Folgendes festgelegt (*Fontes Iuris Romani Anteiustiniani* 1,104):

Silbergruben müssen entsprechend der Ordnung dieses Gesetzes betrieben werden. Die Preise dafür sollen gemäß der Freigebigkeit des Imperators Hadrian [...] in der Weise beachtet werden, dass der Besitz des Teils, der dem Fiskus gehört, an denjenigen fällt, der für die Grube als Erster ein Preisangebot macht und dem Fiskus dafür die Summe von 4000 Sesterzen zahlt. Dem Betreiber der Gruben soll es erlaubt sein, Anteilseigner nach seiner Wahl in der Weise zu haben, dass ein jeder Anteilseigner die Kosten in Relation zu seinem Anteil trägt. Wenn ein Anteilhaber nicht so handelt, soll derjenige, der die Kosten trägt, eine Aufrechnung der von ihm übernommenen Kosten drei Tage lang auf dem Markt an einer stark frequentierten Stelle anschlagen lassen. Außerdem soll er den Anteilseignern durch einen Ausrufer melden lassen, ein jeder von ihnen solle in Relation zu den Kosten beitragen [...].
Wenn einer, der Erze stiehlt, ein Sklave ist, soll der Verwalter ihn auspeitschen lassen und ihn unter der Bedingung

verkaufen, dass er lebenslänglich in Ketten bleibt und sich in keinem Bergwerk und keiner Bergwerksregion mehr aufhält. Der Preis für einen Sklaven soll seinem Herrn gehören. Ist der Erzdieb ein freier Bürger, so soll der Verwalter seinen Besitz konfiszieren und ihn für immer aus der Bergwerkregion ausweisen.

Spartacus versucht den Befreiungsschlag

Millionen antiker Sklaven bleiben für uns heute anonym. Ganz anders Spartacus: Sein Name hat auch deswegen große Berühmtheit erlangt, weil man ihn in der Neuzeit gerne politisch instrumentalisiert und zu einem Protagonisten des Kampfes gegen die Sklaverei stilisiert hat – was er nun ganz sicher nicht gewesen ist. Wie seine Mitstreiter, die 73 v. Chr. den Aufstand probten, wollte er nur eines: persönlich frei sein. Mit der Abschaffung der Sklaverei an sich hatte der Thraker nichts am Hut, wie überhaupt niemand in der Antike. Sein Ende war tragisch: Er wurde mit seiner Mitstreiter-Armee von den Römern besiegt und als Rädelsführer ans Kreuz geschlagen.

Über den Ausbruch des Spartacus-Aufstandes schreibt Plutarch (*Crassus* 8):

Ein Mann namens Lentulus Vatia betrieb in Capua eine Schule von Gladiatoren, die meisten Gallier oder Thraker. Sie waren dort nicht wegen schwerer Verbrechen, sondern wegen des unrechten Handelns ihres Besitzers, der sie unter Zwang eingesperrt hatte, um sie als Gladiatoren einzusetzen. 200 von ihnen fassten den Entschluss, die Flucht zu

> ergreifen. Doch der Plan wurde verraten, und nur 78 konnten entkommen. Sie hatten [...] die Gelegenheit genutzt, aus einer Küche Messer und Bratspieße zu entwenden und die Flucht zu ergreifen. Unterwegs stießen sie auf Wagen mit Fechtwaffen, die zu einer anderen Stadt transportiert werden sollten und mit denen sie sich bewaffneten. Daraufhin nahmen sie ein festes Quartier und bestimmten drei Anführer. Der erste war Spartacus, ein Thraker aus dem Volk der Maider. Er hatte einen stolzen Charakter, verfügte über große Körperkräfte und besaß Verstand und Herz [...].

Gastarbeiter (wider Willen)

Marcus Porcius Cato galt als Inbegriff des strengen Römers von altem Schrot und Korn. Wer kein Römer war, fand in seinen Augen keine Gnade. Seinen Zorn erregten insbesondere griechische Ärzte, die seit damals, dem 2. Jahrhundert v. Chr., in Rom immer populärer wurden, geradezu groß in Mode kamen. Diese häufig aus dem Sklavenstand stammenden Mediziner kanzelte er in einem Brief an seinen Sohn Marcus mit harschen Worten ab und strickt dabei an einer in der Antike populären Verschwörungstheorie (R. Till, *Res publica. Texte zur Krise der frührömischen Tradition.* Darmstadt 1984, Nr. 98):

> Sie haben sich untereinander durch einen Eid verpflichtet, die Barbaren mit ihrer ärztlichen Kunst allesamt umzubringen. Das tun sie auch noch gegen Bezahlung, damit man ihnen Vertrauen entgegenbringt und sie uns ohne Schwierigkeiten erreichen können.

Kapitel 11
FAQs zur Arbeitswelt

Wir wissen viel über die Arbeit in der Antike, aber auch nicht alles. So würde man gerne mehr wissen über Arbeitsverträge, Arbeitszeiten und soziale Absicherung, doch fließen die Quellen hier sehr spärlich. Im Folgenden aber einige FAQs, auf die eine Antwort möglich ist.

Wohin mit den Kindern?

Kinder begüterter Eltern wuchsen wohlbehütet im Haus auf. Um sie kümmerten sich Ammen, Privatlehrer, Pädagogen, Philosophen, überhaupt eine ganze Schar von Bediensteten.

Normalmenschen schickten ihre Kinder in die Schule – entweder in Privatschulen oder in staatliche Schulen.

Kinder aus ärmeren Schichten mussten früh arbeiten. Kinderarbeit war in der Antike ein verbreitetes Phänomen. Sklavenkinder galten ab dem sechsten Lebensjahr als voll einsetzbare Arbeitskräfte. Söhne von Handwerkern wurden an den Beruf des Vaters herangeführt, wenn sie zehn oder zwölf Jahre alt waren. Sie arbeiteten dann gleich im väterlichen Betrieb mit.

Auch auf dem Land wurden die Kinder regelmäßig als Arbeitskräfte eingesetzt, sowohl bei den Griechen als auch bei den Römern: Hesiod erwähnt einen dienenden Knaben, der mit einem Karst die Vögel vertreibt (*Werke und Tage* 469–471), der Römer Columella betont, dass sich für schwere Landarbeit junge Arbeitskräfte gut eignen (*Von der Landwirtschaft* 2,2,13), und bei Varro sind Jungen als Hirten kleinerer Herden belegt, wohingegen man für größere Herden lieber ältere Männer einsetzen sollte (*Von der Landwirtschaft* 2,10,1).

Auch im kultischen Bereich wurden Kinder eingesetzt. Der athenische Komödiendichter Aristophanes ließ im 5. Jahrhundert v. Chr. in einem seiner Stücke den Chor der Frauen eine solche Karriere Revue passieren (*Lysistrate* 641–647, hier in Prosaübersetzung):

> Sieben Jahre war ich alt, als ich den heiligen Rock zum Tempel der Athene trug. Als ich zehn Jahre alt war, war ich eines der Mädchen, die der Göttin Artemis die Gerste für den Opferkuchen mahlen. Dann wurde ich ihr im Safrankleid beim Bärenfest [zu Ehren der Artemis] in Brauron dargestellt. Als ich groß war, trug ich, ein schönes Mädchen, den geweihten Korb: In den Händen eine Kette mit aufgereihten trockenen Feigen.

Wo aßen Arbeiter zu Mittag?

Die Regel war: Wer arbeitete, musste sich um seine Versorgung selber kümmern. Das galt für Arbeiter auf dem Land, für Handwerker, auch für Soldaten, bei denen die Essensrationen zum Marschgepäck gehörten. In den Wachtürmen am Limes hat man Getreidemühlen gefunden: Hinweise, dass die Besatzungen hier an Ort und Stelle Getreidebrei herstellten. Besser hatte es die arbeitende Bevölkerung in den Städten. Hier gab es Gasthäuser, wo man mittags ein-

Thermopolium in Pompeji, vor dem Jahr 79: Die Speisen schöpfte man aus den in den Tresen eingelassenen Behältnissen.

kehren konnte. Wer es eilig hatte, ging in eine der »Thermopolium« genannten Garküchen, die antike Version der heutigen Schnellimbisse. In Pompeji gab es über achtzig solcher Fast-Food-Tempel, deren Betreiber auf hungrige Arbeiter mit wenig Zeit setzten und der eiligen Kundschaft eilige Speisen boten. Dorthin gingen auch gerne Menschen, die im Homeoffice arbeiteten – Handwerker, deren Werkstätten sich im Erdgeschoss ihrer Wohnhäuser befanden; sie aßen nicht zuletzt auch deswegen auswärts, weil die Brandgefahr in den Häusern sehr groß war.

Betrunkene waren in den Garküchen übrigens nicht anzutreffen. Als Begleitung zu den einfachen Speisen wurde

Wasser oder mit Wasser verdünnter Wein angeboten – zu wenig Alkohol, um die Gäste in jenen Zustand fallen zu lassen, den andere auf die Wand einer Taverne in Pompeji kritzelten: »Seid gegrüßt, wir sind voll wie die Schläuche!« Ob die Urheber dieses Textes am nächsten Morgen wohl wieder fit genug waren, um ihrer Arbeit nachzugehen?

Wurde oft gestreikt?

Streiks gab es in der Antike noch nicht. Es gab noch keine Gewerkschaften, die eine solche kollektive Arbeitsniederlegung hätten organisieren können, und außerdem war die Arbeitswelt streng und hierarchisch geordnet, so dass Widerstände dieser Art gar nicht denkbar waren.

Wirklich? Gibt es keine Einträge in der Abteilung »Streiks in der Antike«? Von wegen! Zwar gab es keine Kolonnen mit trillerpfeifenden und fahnenschwenkenden Arbeiterinnen und Arbeitern, die durch die Straßen zogen und in einer anschließenden Kundgebung von den Arbeitgebern mehr Lohn und Freizeit verlangten. Aber dass sich Menschen zusammentaten, weil ihnen die Arbeitsbedingungen nicht passten – dafür gibt es bemerkenswerte Beispiele, wenn auch nur wenige.

Die bekanntesten Fälle führen nach Ägypten. Das Land am Nil war sowohl unter den alten Pharaonen als auch unter den Ptolemäern (jener griechisch-makedonischen Dynastie, die sich nach der Eroberung Ägyptens durch Alexander den Großen Ende des 4. Jahrhunderts v. Chr. als neue Herrscherschicht etablierte) ein straff organisierter, bürokratischer Staat, der der arbeitenden Bevölkerung in Sachen

Disziplin und Folgsamkeit einiges abverlangte. Und so konnte es passieren, dass den an sich loyalen Arbeitern auch mal der Kragen platzte, wenn die elementarsten Dinge nicht funktionierten. Dazu gehörte nicht eine angemessene Bezahlung oder mehr Urlaub bei vollem Lohnausgleich. Vielmehr ging es den Streikenden um die ausreichende Versorgung mit Lebensmitteln.

Der erste bekannte Streik der Weltgeschichte fand im Jahr 1159 v. Chr. im ägyptischen Deir el-Medineh in der Regierungszeit des Pharaos Ramses III. statt. Über die näheren Umstände informiert der *Turiner Streikpapyrus*. Er ist so benannt, weil er sich heute im Ägyptischen Museum von Turin befindet. Die Streikenden waren die Bewohner einer Arbeitersiedlung, die als Angestellte des Staates für die Erledigung öffentlicher Bauvorhaben verantwortlich waren. Den Arbeitern von Deir el-Medineh oblag der Bau der prächtigen Gräber im nahegelegenen Tal der Könige. Bezahlt wurden sie überwiegend mit Naturalien: Kleidung und Lebensmitteln. Während bei der Ausstattung der Luxusgräber das Beste gerade gut genug war, wurde an der Versorgung der Arbeiter drastisch gespart. Deswegen beschlossen die Arbeiter, Widerstand zu leisten und in den Streik zu treten. Eigentlich unerhört – gegen den Pharao zu revoltieren war nicht nur Majestätsbeleidigung, sondern Aufruf zur Revolte. Doch die Arbeiter nahmen allen Mut zusammen und formulierten ein Schreiben an die Beamten des Königs (*Papyrus Turin* 1880), das mit den Worten beginnt:

> Wir haben Hunger!

Die Arbeiter versammelten sich in dem Grab, das sie gerade bauten, und rührten sich den ganzen Tag nicht von der Stelle. Auch die Nacht verbrachten sie in der Nekropole. Die Aktion war schließlich von Erfolg gekrönt: Die Rationen wurden tatsächlich erhöht.

Ein weiteres Beispiel: Im 3. Jahrhundert v. Chr. schrieben die Dammarbeiter, denen die Kontrolle der Nilkanäle obliegt, an den Verwalter Zenon (*Papiri della società italiana* 421) folgende Drohung:

> Die Dammarbeiter (wünschen) dem Zenon Freude! Du musst wissen, dass wir seit zwei Monaten keine Verpflegung haben, auch keine Kornzuteilung, diese jedoch erst seit einem Monat nicht mehr. Du würdest nun gut daran tun, sie uns zu geben, damit wir, die wir so für dich arbeiten, nicht in Gefahr sind. Und der Kanal ist voll. Also – wenn du uns gibst – gut. Wenn nicht, werden wir davonlaufen. Denn wir haben keine Kräfte mehr. Bleibe gesund.

Und noch ein paar Jahrhunderte später, im 2. Jahrhundert n. Chr., begegnete der römische Statthalter einem Streik der Bäcker in Ephesos mit einem Erlass (*Supplementum Epigraphicum Graecum* 4,512):

> Es kam mitunter vor, dass das Volk in Unruhe und Tumulte verfiel, wegen der Zusammenkunft und der Unverschämtheit der Bäcker auf dem Marktplatz. Wegen dieser Aufstände hätten sie vorgeladen und verurteilt werden müssen. Da es aber wichtig ist, das Wohlergehen der Stadt höher einzuschätzen als die Bestrafung dieser Leute, hielt ich es für angebracht, sie durch mein Edikt zur Vernunft zu bringen.

Daher verbiete ich, dass sich die Bäcker zu einer Versammlung treffen oder sich in aufsässigem Verhalten hervortun. Vielmehr sollen sie auf jede Weise den Verordnungen, die für das allgemeine Wohl erlassen wurden, Folge leisten und der Forderung nachkommen, für die Stadt in ausreichender Weise Brot herzustellen. Sollte von nun an jemand dabei erwischt werden, entgegen der Verordnung eine Versammlung zu besuchen oder einen Tumult und einen Aufruhr anzuzetteln, soll er vorgeladen werden und eine angemessene Strafe erhalten. Sollte aber jemand es wagen, sich zu verstecken und gegen die Stadt einen Anschlag auszuüben, soll er [...] zusätzlich mit einem Brandmal versehen werden.

In welcher Branche konnte man am meisten Geld machen?

→ S. 66 und 77 ff.

Gab es ein Ausbildungssystem?

→ S. 32 ff.

In welchem Bereich waren die Jobaussichten am besten?

→ S. 77 ff.

Gab es Berufsgenossenschaften?

Bei den Römern standen Arbeiter und Handwerker nicht allein da. Viele waren in so genannten *collegia* organisiert, die ihre Interessen gegenüber Staat und Arbeitgebern vertraten. Mit zunehmender Spezialisierung des Handwerks stieg auch die Zahl dieser Verbände rapide an.

Hatte man als Quereinsteiger eine Chance?

→ S. 64.

Gab es typische Frauenberufe?

→ S. 111 ff.

Konnte man seinen Wohn- und Arbeitsort frei wählen?

→ S. 72 ff.

Wann ging man in Rente?

… eine gute Frage, deren Beantwortung dadurch kompliziert wird, dass es in der Antike keine staatlichen Renten und auch keine Pensionen gab. Wer aus dem Arbeitsprozess ausschied, zehrte entweder von dem Ersparten, das er im Beruf angesammelt hatte, oder ließ sich im Schoß der Familie nieder, die als privates Versorgungsunternehmen diente. Oder man machte einfach weiter ... wie Cato der Ältere (R. Till, *Res publica. Texte zur Krise der frührömischen Tradition.* Darmstadt 1984, Nr. 127):

> Nicht einmal das hohe Alter, das sonst alles zum Erschlaffen bringt, konnte seine Energie brechen. Noch im 86. Lebensjahr führte er selbst einen Prozess in eigener Sache, verteidigte sich vor Gericht und schrieb die Rede auf. Und als 90-Jähriger strengte er vor Gericht einen Prozess gegen Servius Galba an.

Viele waren auch gezwungen weiter zu arbeiten, um zu überleben. Besonders betroffen von Altersarmut waren zum Beispiel unverheiratete oder verwitwete Frauen und bei den Männern Kriegsversehrte.

Ältere Menschen, die sich aus dem Arbeitsprozess zurückzogen und bewusst ein einsames Leben suchten, beriefen sich gerne auf Laertes, den Vater des Odysseus, der sich aus Kummer um den abwesenden Sohn und die vielen, seine Schwiegertochter Penelope umgarnenden Freier in die innere Emigration zurückgezogen hatte, mit der klaren Botschaft: Ich bin fertig mit meiner bisherigen Arbeitswelt. Homer, *Odyssee* 24,226–231, in Prosaübersetzung:

> Also fand er [Odysseus] den Vater allein in dem prächtigen Garten, wie er gerade dabei war, einen Strauch umzugraben. Ein schmutziger Kittel deckte ihn, geflickt und grob. Um die Beine trug er geflickte lederne Schienen und Handschuhe über den Händen, damit ihn die Dornen nicht ver-

letzten, und auf seinem Kopf trug er eine Kappe aus Ziegenfell.

»Wie Laertes leben« wurde bei antiken Berufsaussteigern, jedenfalls bei solchen, die sich in der Mythologie auskannten, zu einem geflügelten Wort. Der römische Politiker Cicero, der großes Talent hatte, sich in periodischen Abständen zwischen alle Stühle zu setzen, und zwangsläufig im politischen Abseits landete, pflegte, wie Plutarch (*Cicero* 40) berichtet, seine eigene Situation mit der des Odysseus-Vaters gleichzusetzen:

> Den größten Teil seiner Zeit verbrachte er damals auf seinem Landgut bei Tusculum, und er schrieb an seine Freunde, er führe jetzt das Leben eines Laertes. Er sagte dies entweder im Scherz, wie es seine Gewohnheit war, oder weil er von einem großen Verlangen nach politischer Aktivität erfüllt war.

Literaturhinweise

Alföldy, G.: Römische Sozialgeschichte. Stuttgart ^{4}2011.
Elkar, R. / Keller, K. / Schneider, H.: Handwerk. Von den Anfängen bis zur Gegenwart. Darmstadt 2014.
Hopper, R. J.: Handel und Industrie im klassischen Griechenland. München 1982.
Kloft, H.: Wirtschaft in der griechisch-römischen Welt. Darmstadt 1992.
Kolb, F.: Die Stadt im Altertum. Düsseldorf 2005.
Mrozek, St.: Lohnarbeit im klassischen Altertum. Bonn 1989.
Ruffing, K.: Wirtschaft in der griechisch-römischen Antike. Darmstadt 2011.
Schumacher, L.: Sklaverei in der Antike. München 2001.
Sonnabend, H.: Illustrierte Geschichte der Antike. Stuttgart 2017.
– Große Errungenschaften der Antike. Wiesbaden 2020.
Späth, Th. / Wagner-Hasel, B.: Frauenwelten in der Antike. Stuttgart/Weimar 2000.
Zimmer, G.: Römische Berufsdarstellungen. Berlin 1982.

Abbildungsnachweis

S. 2 akg-images
S. 6 akg-images / Manuel Cohen
S. 21 akg-images / Erich Lessing
S. 25 Holger Sonnabend
S. 27 Wikimedia Commons / Mikhail Malykh (CC-BY-3.0)
S. 80 akg-images / Nimatallah / Vatikanische Museen
S. 93 Wikimedia Commons
S. 128 bpk / GrandPalaisRmn / Hervé Lewandowski
S. 136 Abaca Press / Alamy Stock Foto